LOS ANIMALES EN EL FOLKLORE
Y LA MAGIA DE CUBA

COLECCIÓN DEL CHICHEREKU

EDICIONES UNIVERSAL. Miami, Florida, 1988

LYDIA CABRERA

LOS ANIMALES EN EL FOLKLORE Y LA MAGIA DE CUBA

P.O. Box 450353 (Shenandoah Station)
Miami, Florida, 33145, U.S.A.

Library of Congress Catalong Card N.°: 86-83333

I.S.B.N.: 0-89729-434-3

Dibujo de la portada de Lydia Cabrera

Depósito Legal: B. 34346-1987

Impreso en los talleres de artes gráficas de EDITORIAL
VOSGOS, S.A. Avda. Mare de Déu de Montserrat, 8, 08024.
BARCELONA - España

A ti, pequeña sombra inquieta entre los rosales del patio de «San José» bajo un cielo de jazmines. Y a ti, la China, en tu estera de sol acechando soñolienta los ratoncillos de luz que corretean entre las hojas. A tu memoria Dundu bueno. A Ninú, en Chartres. A Ratie que descansabas bajo una diamela junto a mi ventana. A Chibí, a Win-Win, a Bibi y a Rumbita, que me acompañó al exilio, víctima de los que vendieron a Cuba. Y a cuantos aman a los animales y sufrirán leyendo muchas de estas notas.

L. C.

PREÁMBULO

Quienes como los poetas, no han roto con su infancia, recordarán que de niños creían que los animales pensaban y actuaban como hombres. Los que ya eran crueles, insensibles a su belleza y jamás sentirían ternura o compasión por un perro, también pensaban que sólo en cuanto a la forma, existía una línea divisoria entre ellos y el animal: en el mundo interior de la infancia, todo, insectos, reptiles, hombres, pájaros, cuadrúpedos, aun los elementos, tienen un alma semejante a la suya y observan una misma conducta... humana.

Con esa imagen olvidada del mundo y de la vida y vuelta a encontrar, gracias a ella en recorridos por las zonas poéticas de mi país, las de las calles populares más humildes e ignaras, con viejos montunos hijos de africanos que expresaban ideas y conceptos que habían quedado sepultados en nuestra alma infantil bajo la lógica y los conocimientos adquiridos en los años adultos pobres de fantasía.

¿Qué son los animales?

¿Qué son las cosas? Lo reaprendí dialogando con aquellos adoradores de divinidades Yorubas, de fuerzas naturales y de espíritus bantúes, guardianes fieles de creencias inmemoriales; hombres y mujeres que vivían en una medida de tiempo que no era la nuestra y en íntimo contacto con la naturaleza.

Sobre el animal, que ha sido objeto de la veneración religiosa de los pueblos antiguos y representó en ellos un papel tan importante, recuerden en Grecia las serpientes del templo de Asklepïos y de Clycón en Asia Menor, el buey Apis en Egipto, Ganesa en la India. Recogí hace años la información que con el acento veraz de una cándida convicción me facilitaron los que debo llamar mis sabios maestros iletrados.

—«En un tiempo, cuando empezaba el mundo, hombres y animales se trataban como hermanos. ¡Son hermanos! El animal era mayor, y le enseñó muchas cosas al hombre. ¿La araña no enseñó

7

a tejer a las mujeres? ¿Un pájaro a carpintear? Mayor o más fuerte, más listo era el animal, que tenía grandes conocimientos de los misterios de la Naturaleza.

Bueno, igual que hoy. Fíjese cómo saben ellos cuando va a venir un ciclón...»

Es cierto. Tenemos testigos de todas las épocas de esa intuición. A mediados del siglo pasado, en la ciudad de Santiago de Cuba, todas las hormigas abandonaron las casas y se refugiaron en los campos antes de ocurrir el tremendo terremoto del 1852. «Y también los alacranes dejaron sus reducidas moradas, para picar al hombre; los ratones sus escondites sin miedo a la luz ni a los gatos, habiéndose aparecido uno que ha llamado la atención de cuantos lo han visto por su color y figura. El tal ratón es de los que aquí llaman chino, cara distinta y enteramente negra. Los sapos abandonaron conchas y surtidores y fueron a morar a los árboles. Los animales mismos parecían apercibirse del peligro, y el caballo y el buey, como las aves, expresaban con ciertos gritos la sensación del riesgo común».

—«Y antiguamente animales y hombres eran hermanos. Muy unidos, conversaban y se entendían perfectamente. Después se alejaron y hoy el hombre se cree superior a ellos y ya no los entiende. Por eso precisamente, porque los hombres se creen superiores. Pero hay algunos que no se consideran superiores y, no le miento, los comprenden, saben que tienen un corazón como el suyo, que sufren, que se alegran, que quieren u odian; que son vengativos o agradecidos y bondadosos, y hasta que perdonan la crueldad, como el perro los puntapiés que le da su amo.

Hay quienes saben que no siempre los animales son tales animales... «Son espíritus que toman la forma de un animal».

No debemos dudar, nos dicen con respecto a los idiomas que éstos hablan, que hay hombres excepcionales que nacen con el don de entenderlos, y que «en las conversaciones y gorjeos de los pájaros se enteran de muchos secretos. ¿No ha oído Ud. aquello de me lo dijo un pajarito?»

Los animales están en estrecha relación con Dioses y Demiurgos, con los espíritus de la naturaleza y del mundo de los muertos, como veremos más adelante.

—«Conviene saber que a veces los muertos reencarnan en ellos. Sí, señor. El espíritu de un difunto se mete en cualquier animal y así es como el brujo los prepara y por medio de ellos puede acabar con la mujer o el hombre más fuerte».

En el mercado de Santiago de Cuba, nos enseñó un yerbero vendedor de oraciones, que:

—«Las almas de los difuntos suelen instalarse en una lagartija

8

que llaman chipojo y en otra mayor, el chaguayo. Babujal le dicen cuando el alma del muerto lo ha cogido, y eso se conoce porque se queda inmóvil en un mismo sitio. Cuando en un árbol hay uno, baja a las doce del día a besar la tierra. Esto lo hace aunque lo maten. No conviene perseguir al chipojo».

—«A los pocos días de muerta, el espíritu de esa persona suele permanecer detrás de la puerta de su casa, y a los nueve a lo mejor se le antoja encarnar en algún animal para mantenerse cerca de la familia en una materia viva, ya sea de pájaro, de caballo, de perro o gato.» O, como nos refirió un viejo mayombero que conocen mis lectores, Baró, se posesiona hasta de un sapo. «Cuando murió mi abuelo un sapo apareció en el bohío. Yo iba a echarlo pero mi padre me reprendió. En aquel sapo podía estar mi abuelo, que allí se quedó por cierto, porque era él, todo el tiempo que le dio su santa gana».

—«El alma del marido de Anita Peña reencarnó en su perrito. Ella lo adoraba y no había quien se atreviese a tocarlo.»

En Camagüey se contaba que Simoni reencarnó en el caballo de sus hijas. «Así lo creían ellas firmemente. Decían que salían a pasear con Papaíto.» Una simpática camagüeyana me confirma la supuesta veracidad de esta historia cómica y conmovedora de las Simoni y «su papá caballo».

Aunque creemos entender su silencio, no tuvimos la suerte de amigar con alguno de esos seres dotados con la virtud de comprender el lenguaje de los animales. Quizá quien daba la sensación de poseer este precioso don era la vieja María Andúx por la seriedad con que se dirigía a ellos y la intimidad en que vivía con los suyos; y aún más otra negra viejita de la calle de la Cruz Verde de Guanabacoa, sumamente reservada e invariablemente acompañada de sus animales. A María Andúx la oíamos sermonear a una de sus palomas:

—«¡Eh, paloma! Oye bien, cuando tu vuéve a sacá, saca un paloma sola. ¡Una sola! o yo te vá matá».

—«De vedá —nos decía—, si tu jabla con animá como con critiano, é prende bien.»

Era un tipo inenarrable aquella negra. Se nos quejaba siempre de los trabajos que pasaba y nos relató este drama:

—«Ya no pué aguantá má hambre. ¡Tiene que amozá, que comé bien! tiempo malo yo freí un cachito mondongo. Yo tenía un gato, cuando yo vuéve pa comé mi mondongo no tá, ¡ya gato se lo comió! Le metí duro, le rompí lo diente. Y pasao tiempo, le hice fiéta a Eleguá y Eleguá me dice ¿po qué le rompite diente a tu gato? yo mimo boté la manteca y me comí chicharron. Gato no fué.»

Como se ve María Andúx no era muy tierna con sus animales...

9

Si las gallinas desobedeciéndola se salían del lugar que les había destinado, les retorcía el pescuezo. Intransigente en cuanto se refería a la moral no olvidamos cómo insultó y maltrató a un gallo que se disponía «a faltarle el respeto» a una gallina.

—«¡Gallo descarao, pecador con su misma madre, sinvegüenza!»

Mas no era sólo en María Andúx; en la mayoría de sus contemporáneos y aún en alguno de nosotros, «civilizados», inconscientemente retrocediendo a los días en que se nos moralizaba o se nos hacía reír con los ejemplos o las sátiras de fábulas con protagonistas animales, en que nos ha sido fácil observar la inclinación que hemos señalado a reconocer en el animal la inteligencia y los mismos buenos o malos sentimientos de los humanos. Y en toda justicia, dejemos lo malo al haber de los hombres. El animal mata sólo forzado por la necesidad.

Las guerras, escribió un francés, Jules Renard, si no me es infiel la memoria, los vengan de la crueldad gratuita de los hombres.

Eso mismo opinaba, ignorando a Renard, Carmela Bejarano, «la negrita» con quien compartimos el honor de la dedicatoria de «la Casada Infiel» de García Lorca, al que tanto hizo reír Carmela.

«Un día», auguraba Carmela, «Dios los castigará a todos por lo mal que tratan a los animales, y entonces, como pasa siempre, pagaremos justos por pecadores. ¡No quedará títere con cabeza!»

Carmela Bejarano había hecho de su pobre casa un asilo de perros, gatos, aves, y de cuanto animal desgraciado le salía al paso.

Sólo muy de tarde en tarde, durante veintiún años de exilio, he vuelto a saber de ella.

Tenía, o tiene, si aún alienta, que alimentar a sus numerosos protegidos, y si no alcanzaba para ella lo que a duras penas recogía, y esto desde hace años ocurre en Cuba con demasiada frecuencia, por sus animales dejaba de comer.

Quizá ya los ha visto morir a todos.

Los que nunca han tenido junto a sí a un perro, los que nada saben ni intuyen de esa facultad afectiva, de la devoción y fidelidad de un animal, no comprenderán a las Carmela Bejarano, que gracias a Dios no faltan en este mundo inclemente.

Por mi parte, entre lo mucho que agradezco a mi padre, es que me enseñase a quererlos.

El folklore de Cuba es sorprendentemente rico y ello se debe a la importación de africanos a la Isla casi desde el Descubrimiento. Mezclado a veces con el folklore español, que los blancos no han conservado, en él hallarán los africanistas los mismos temas que en el de los distintos grupos étnicos que fueran llevados a Cuba y dejaron también en ella sus creencias mágico religiosas, su música y sus idiomas.

Sus leyendas y cuentos transmitidos oralmente de generación en generación hasta nuestros días nunca tentaron a ningún estudiante o escritor cubano. Quizá la idea de recogerlos y no se diga de editarlos, les hubiese parecido grotesca o denigrante.

Cuba, después de largos años de ausencia, nos pareció, lo era, un país inédito para sus hijos. Si su historia no había sido estudiada a fondo,[1] ¿cómo podíamos esperar que se prestase atención a su folklore, y a pesar del esfuerzo de Fernando Ortiz, mucho menos a esa huella profunda que las culturas africanas, guste o no guste, dejaron en la Isla?

Aún a sabiendas que nadie perderá su tiempo, y mucho menos aquí en el exilio, en un país, donde el tiempo sólo es dinero, en leer estas notas de ninguna utilidad práctica, las damos a la estampa porque no faltan unos pocos compatriotas —y esos pocos nos bastan— a quienes ya la distancia les permite ver como a mí me ocurrió en otro exilio encantador y voluntario, lo que no veían ni sentían de cerca: el singular encanto de nuestra Isla perdida, me temo que para siempre.

A ellos ofrecemos estas historias, que recogimos por nuestros campos regresando al poético y maravilloso mundo interior de nuestra infancia, en el que también hablaban un mismo lenguaje los hombres, los animales y las cosas.

L. C.

1. Damos gracias a María Teresa de Rojas por sus transcripciones de los documentos del siglo XVI del Archivo General de Protocolos de La Habana, y a Leví Marrero por la magnífica labor que está realizando en el Archivo de Indias de Sevilla, contribución inapreciable a la historia de Cuba.

MAJÁ

Sagrados. En tal concepto, como manifestaciones de una fuerza divina, se ha tenido en África y en otros pueblos del mundo a las serpientes.

El Diablo toma su forma. Las hay que echan fuego, otras que vuelan.

En Cuba este ofidio que llaman Majá —el Epicrates Angulifer— representa un papel de suma importancia en las creencias religiosas de los negros cubanos. Vale la pena de reproducirse para quienes no le han visto, la dramática descripción que hace de este reptil Esteban Pichardo, para quien la voz Majá es indígena.

«Culebra la más grande de todas las de la Isla, nuestra Boa, que crece hasta cinco varas; su mayor latitud es por la medianía del cuerpo, adelgazando insensiblemente por ambos extremos, no tanto hacia la cabeza, que tampoco es grande y la boca con dientes encorvados para adentro: ojos centellantes; piel de color amarillento oscurecido por el lomo y bordada simétricamente de pintas y chapas de tabaco, toda escamada. Habita escondido en los bosques y sobre los árboles, en los techos y otros parages de las casas de campo: se traga las aves domésticas y los pequeños cuadrúpedos: personas fidedignas han visto al majá atacar a una cabrita, enroscarse y quebrantarle todos los huesos para tragarla poco a poco, dilatando mucho tiempo al llegar a los cuernos, que al fin pasaron alzando horriblemente la piel del reptil y cayendo luego al llegar a los cuernos que al fin pasaron alzando horriblemente a fuerza de su digestión eficazísima; mientras tanto el Majá padece un estupor profundo: pero su caza más singular es subiendo al árbol donde persigue a la Jutía que en vano huye a lo más alto; si desesperada de salvación trata de arrojarse a tierra, comprende su intención, se enrosca y tira tras ella con la cabeza en alto y tan a tiempo que rara vez se le escapa. Cuando el Majá alza la parte superior de su cuerpo presenta un aspecto fiero: algunos dicen que esta actitud y el baho que dirige a su víctima la magnetizan o turba sin poder huir: su fuerza particular es portentosa: el Señor Cura de Guamutas fue testigo de un combate entre un Majá y un cocodrilo cuyo término fue la muerte de ambos. Sin embargo respeta al hombre: su mano alguna vez ha tocado casualmente al reptil que yacía en su lecho pacíficamente y que en la oscuridad no pudo distinguir sino por la fría sensación de su piel: sólo ostigado y obligado a la defensa puede ofenderle sin inocularle veneno alguno».

Si Pichardo se hubiese interesado en observar a los africanos transportados a Cuba, cuando celebraban sus «juegos», toques de tambor, «bembés», o «plantes» quizás hubiese podido sorprenderse por la presencia de uno de estos reptiles en aquellas diversiones que encubrían ritos religiosos.

El Majá está estrechamente relacionado con el agua, con la diosa Yemayá que suele asumir su aspecto y habita en él, con Ochún y los dioses Ogún, Ochosi y Changó. Nace al igual que la Jicotea cuando Changó hace oír el trueno, y es inseparable de Agróniga, Dayi, Naná Bulukú y de otros «vodú» del panteón dahomeyano.

Siempre junto a Obatalá, Padre de los dioses, nunca ha de faltar entre los atributos de su divinidad una serpiente de plata: «el Majá está al lado del Orichánla».

A Orichaoko se le reconoce como Dueño de las labranzas, de las abejas, del ñame y del Majá. Para algunos también del Arco Iris: Ochumaré u Ozúmare.

Tan unido está el Majá a Ochún, la Venus lucumí, como a Yemayá, al extremo que a los «hijos» de Ochún suele aparecérseles un majá el séptimo día de su iniciación, cuando aún se hallan recluidos en el templo, durmiendo en el suelo del «cuarto de los Santos» o Igbodú.

Yemayá declara que Ñioka, Eyó, el Majá, es su mantón, como lo es Ozumaré que recibe ofrendas en el mar.

Algunos pretenden que Ozumaré le pertenece a Oyá, porque sus colores son varios, pero es un craso error: «Ozumaré nace de Yemayá, del mar, y aunque representa la alianza del Cielo y de la Tierra y le lleva al cielo el agua, depende de Changó, es su criado y hay que tener con él mucho cuidado porque arma grescas.»

—»Cuando viene [1] Yemayá, o Afreketé, buscando al Majá, éste se le enrosca en el cuello o en los hombros y brazos.»

El dios Ogún, el Vulcano del panteón lucumí, «en un tiempo fue Majá y gracias a Olofi recuperó la forma humana».

Nos cuenta también un Babalawo que el Majá era un hombre fuerte y arrogante que andaba con sus dos piernas y tenía sus dos

1. En las fiestas y ceremonias religiosas, el adepto en trance, poseído por la diosa.

13

brazos como todos los seres humanos. Un día fue a visitar a Ifá, y éste que es dueño del destino, de la adivinación, «le advirtió que la enfermedad lo rondaba y que si no hacía ebó[1] no serviría para nada. El Majá no le creyó. ¡Se sentía tan fuerte, tan sano!... pero poco después se llenó de llagas, y podridos perdió los brazos y las piernas. Arrastrándose corrió a ver a Orula. Y Orula le dijo que se hiciese llevar con cuatro palomas y cuatro cocos, al camino real y se escondiese en la orilla entre las yerbas, pues Obatalá iba a pasar por allí. Así lo hizo, y en efecto, apareció Obatalá. Banaké lo acompañaba llevando su bastón de plata, una Jutía y el Saco de la Virtud. Obatalá curó sus llagas pero Majá no recuperó sus piernas ni sus brazos y sigue arrastrándose».

Al final de su vida —«su existencia es acuática», nos subraya— el Majá se transforma en Arco Iris, en una enorme serpiente marina, verde, de la que se resisten a darnos más informes los que saben de estos misterios.

Entonces el Majá se esconde bajo una roca en el fondo del océano y por años y años inmóvil, durmiendo después de haber comido mucho. «Ese Majá es Olokun», el dios Océano, para unos «la Yemayá más vieja», para otros.

En secreto algunos grandes Santeros, hijos de Olokun, capacitados para hacerlo, le dan de comer en alta mar para que permanezca tranquilo.

«En luna nueva, asoma la cabeza para saludarla.»

Olokun (en su aspecto masculino) está atado con siete cadenas por Obatalá en lo profundo del Océano para que no inunde a la tierra... («quien está amarrada no es una serpiente, es Yemayá Olokun, la más vieja, la brava, la que es el Océano... pero de esto no es conveniente hablar y menos escribir».)

Se nos ha dicho que el Majá nace cuando truena, y de ahí «que su cuerpo se parezca al rayo y que su andar lo imite».

Vive largos años y al término de su existencia odia al hombre, que habiéndole encontrado alguna vez a su paso, no le dio muerte.

(—«Pero ¿quién va a atraverse a eso si el Majá es Santo?»)

Podría sucederle lo que a este informante:

—«Haciendo carbón mi hijo Ignacio, vio un gran Majá. Mediría sus cinco varas. Ignacio le tenía miedo. Me preguntó ¿qué hacemos? ¡Déjalo que se vaya!

—¡No, no! y lo mató. Le aplastó bien la cabeza; se encogió, se hizo una bola. ¿Qué pasó después? ¡Que no tenemos suerte! Nos lamentábamos.

Ignacio me dijo: Me voy de aquí papá, quédate con el carbón... Desde que maté al Majá no puedo con esta angustia.

2. Sacrificio, rogación.

14

—No, nos vamos todos. Tampoco yo puedo con esta tristeza que me ha caído.

Y nos fuimos a Charco Azul. Allí se me enferma Ignacio. Todos los días a la misma hora un Totí venía a cantarle a Ignacio tendido en su hamaca. El Totí quiere a los hombres, le agrada estar con ellos, pero no les hacemos caso, ¡su canto es tan monótono y tristón! Ignacio soñó con el Totí, ¿qué misterio tendrá este pájaro? Ignacio se me pone tan mal, que lo cargo como un jolongo y me lo llevo al pueblo. Por poco se me muere. Cuando el Totí cantaba se me saltaban las lágrimas.

—¡Vamos! me pidió Ignacio. El Totí nos seguía. Llegamos a Cayajabos con el Totí atrás. Y a Artemisa, yo con Ignacio, a cuestas, cada vez peor.

Muriéndose nos vamos a Matanzas por tren desde La Habana. No vimos más al Totí. Llevé a mi hijo a Colón y allí se me lo curó un Taita de los grandes. La enfermedad de Ignacio era un castigo por la muerte del Majá, y yo, por consentirla, por no haberla evitado, pasé años sin ganar lo que debía».

(Algunos creen que el Majá no muere si no se comete el sacrilegio de matarlo).

¿Cómo se cura un mal como el de Ignacio, producto de un castigo divino, de una maldición o de un embrujo?

—«Preparamos un purgante. Exprimimos el jugo de siete cogollos de pendejera. Siete cucharadas de aceite de comer con un tabaco molido y batido con el aceite y siete cogollos de Siguaraya. Se coge a Mboma, el Majá de la Nganga [1] y se mete en una tinaja. De noche al acostarse el enfermo, se le da el purgante. El Majá ha batido todo eso y al amanecer le sacará el daño del cuerpo con la virtud que tiene en la cola y que le transmite al agua. Con cualquier Majá se cura, no tiene que estar sacramentado.

Usted habrá oído decir que esa agua *potenciada* por Mboma se llama Agua del Diablo».

También ya muy viejo, nos aseguran que a este ofidio venerable le salen unos cuernos pequeños y una cresta como la de los gallos y que cantan como ellos. Entonces fatalmente abandona la tierra, los matojos, y se hunde en el río, en la laguna o en un pozo. Renuncia a calentarse al sol «y por eso maldice al que no lo mató». Pero se ha convertido en un Padre Agua y allí se le ofrenda y venera.

—«Otros emprenden el camino del mar y es cuando maldicen.

1. Nganga. Recipiente de barro o hierro que contiene las sustancias mágicas y fuerzas que maneja el brujo.

Por eso yo, Majá que veo, Majá que mato para que no me eche su maldición», me confiesa un creyente.

Quien no tiene nexos religiosos con este reptil no peca al matarlo, pero un iniciado bajo ningún concepto lo privará de la vida, ni siquiera insinuará un gesto de amenaza. Es más, si en su presencia se hace referencia a su muerte, inmediatamente escuchará un silbido.

«Todos en el mar se vuelven hombres escamosos de la cintura abajo y las *majasas* sirenas». Sirena es la forma habitual de Yemayá cuando reside en el mar...

Hemos dicho que el Majá es igualmente inseparable de una gran diosa Madre de la Regla Arará, Naná, que se manifiesta bajo su aspecto. Cuando Naná «baja a montar» a sus hijos, también el Majá acude a enroscársele pues estos reptiles son «guardianes» del Santero (del Babaloricha), del Bokono y del Mayombero brujo o taita Nganga bantú, y es frecuente, sobre todo en el campo, que habiten bajo su techo metidos en un cajón. En ambas «Reglas», la lucumí y la conga, esta serpiente, como las inofensivas y domésticas boas de la Costa de Guinea o las veneradas del Dahomey, son «guías del agugú», o guarda espaldas de sacerdotes y sacerdotisas.

Supimos realmente que en el Limonar, un lindo pueblecito matancero, Inés María Aballí, Atilano y Celestino Meninge tenían un Majá enorme en sus *ilere* (templos). En sus fiestas el reptil salía de su rincón y se mostraba a los asistentes.

Vecina al Limonar, en la finca Usatorre, se daban toques de tambor en honor de un Majá que llamaban Dake. «Una vieja lo cuidaba y el Majá andaba con ella como si fuese un gato manso.»

En Sabanilla del Comendador, el Babá (padre) de una gran casa de Santo le dijo a su hija que dentro de su baúl[1] tenía dos güiros guardados y le pidió que el día que él faltase ella debía cuidarlos. Al morir su padre recordó su recomendación: lo que contenía el baúl, no eran dos güiros, eran dos Majás vivos que ella cuidó siempre.

—Algunos santeros, en el campo, los guardan en cuevas o los tienen en los árboles.

—«Entache, de rambulero se metió en una cueva y allí se le aparecieron dos Majás que se le enroscaron en el cuello. Llegó el dueño y le dijo: ¡Se salvó, no lo ahogarán porque usted ha venido de buena fe!»

Del Majá se apodera el Santero para hacer un talismán llevando a su cueva un pañuelo blanco y un espejo de tamaño regular.

---

1. Los negros viejos no guardaban en armarios sus pertenencias, sino en baúles.

El pañuelo se extiende a la entrada de la cueva y al salir el reptil «es posible» que apoye su cabeza en el espejo y permanezca contemplando su imagen. Entonces arroja una piedra sobre el espejo. «Esa piedra se recoge, se lava con agua clara, se llevará en el pañuelo y se le pedirá lo que se desee. El espejo se guarda junto a la piedra.»

En el pueblo de Regla había muchos «templos» con majá. Don Ángel Lorenzo poseía allí una casa de vecindad y en ella veía estos reptiles sueltos en las habitaciones de dos de sus inquilinos.

Esa casa en la falda de la loma frente al cuartel de bomberos constaba de cuarenta y tres habitaciones. Una vez se quiso trasladar al piso alto a estos dos inquilinos y no sólo se negaron ellos rotundamente sino que todos los demás se reunieron para rogarle a Lorenzo que les permitiera permanecer abajo, pues «sus Majás no podían llevarse arriba, tienen que estar cerca de la tierra, del suelo, para trabajar». —Claro, que todos los inquilinos eran devotos de dioses y espíritus africanos.

Los viejos y sabios santeros se adueñan del majá rezando en lucumí y cantándoles en las cuevas, en los árboles o en las cercas de piñón en que viven. «Salen de la cueva o de donde estén, se quedan extasiados y los agarramos.»

Se le coge con la mano izquierda, jamás con la derecha pues se descoyunta. Nos advierte un *ochono* que X «agarró uno y lo llevó a su casa. Le ofreció ñame. No, yo no como ñame, contestó como un hombre el Majá. Dame a tu hermana. El Majá es Santo... y se la dio. Cuando terminó de tragarse a la hermana, volvió a hablar. Dame a tu madre. Y luego a otros miembros de su familia incluidos los vecinos. Huyó el hombre y fue a esconderse en casa de un compadre suyo que era carnicero de oficio. Éste, con su cuchillo cavó un hoyo en el patio y en el fondo lo colocó de filo. Vino el Majá, que lo buscaba, cayó en el agujero y se cortó el vientre a lo largo. Salieron todos los que se había tragado. Medio muertos, sí, pero el brujo del lugar hizo un *apreparo*, los frotó con él y resucitaron.»

Por su parte el Majá conoce una yerba para curar... o rehacer a sus semejantes. «Cuando alguien parte en dos el cuerpo de un machetazo, la planta que él conoce une los pedazos y el Majá recobra la vida entero y bien soldado.» Este milagro que presenció uno de nuestros más viejos informantes, recuerda al adivino Xantos que también presenció idéntico prodigio en un Dragón, con la diferencia que de este caso se sabe el nombre de la planta: Balis. Queda al cuidado de nuestros sabios naturalistas descubrir el nombre de su equivalente en Cuba.

El «Síguele rumbo» o «Sigue camino», nos aclaró el viejo O'Fa-

17

rril «es un palo con el que se empata el Majá cuando lo cortan. Él silba a sus compañeros que traen una hoja de este árbol y le cubren la herida. De este palo el Majá extrae la savia e hipnotiza con ella a la Jutía que sube al árbol y no lo ve».

Pero Majá es hipnotizador. No tiene más que fijar los ojos en un pájaro, en cualquier animal y lo duerme.

Por eso es que con los ojos fascinadores del Majá, el palo «Para mí»; una yerba, «Embeleso», que es enemiga de las mujeres, aunque a ellos les gusta tanto; se hace una magnífica Prenda[1] para conquistarlas.

Mas si los ojos del Majá son inapreciables para Nkanga —Amarres— ¿qué decir de la substancia que secreta su cola? Sobre todo de sus propiedades medicinales, muy especialmente cuando se trata de una enfermedad causada por un embrujo.

Con lo anteriormente dicho se comprende por qué «sólo se vence y se mata al Majá aplastándole la cabeza», y que para ciertos embrujos sea el «educado» por el hechicero al que éste ordena que le traiga las yerbas que necesita para que sus maleficios o sus curaciones sean eficaces. Pero hay un árbol que lo aterra: «La Majagua porque lo descoyunta y lo mata: no hay más que tirarle sin violencia una rama.» El árbol de su predilección es la Salvadera y también la Caña brava.

Por suerte, del Majá pueden decirnos, es un viejo y universal principio de magia —«que también sirve para bien».

Su manteca, por ejemplo, es un gran remedio para el artritismo, y untándola en las manos da aché. La diosa Naná, especialmente, cura con él todas las enfermedades. Y no hay «resguardo» más seguro que el que se ingiere y contiene polvos de Majá, pues rechaza todas las brujerías y enfermedades que atacan al hombre indefenso.

También se nos dice y es una antiquísima tradición universal sobre las serpientes, que el Majá tiene en la cabeza una piedra talismán de inestimable valor. De estas piedras nos habló quien no había leído la Gesta Romanorum y nos contó lo que le había sucedido: estaba medio tullido, casi no podía andar y un Majá le dejó caer de su boca una piedrecita sobre los pies. Al día siguiente corría.

¿No recuerda esto la historia del Emperador Teodosio, que era ciego? Ordenó que todos sus súbditos que tuviesen quejas que darle tocasen una campana vecina a su palacio. Allí, al pie de la soga de aquella campana tenía su nido una serpiente. Ausente el reptil, un sapo se instaló en el nido. Al regresar la serpiente, tuvo

1. Talismán.

la maña de hacer sonar la campana y pedir auxilio. Mataron al sapo. Pocos días después, agradecida la serpiente, deslizándose por la habitación de Teodosio, subió a su lecho y colocó una piedra preciosa que llevaba en la boca sobre los ojos cerrados del Emperador que dormía. Cuando Teodosio despertó ¡veía...! ¡Había recuperado la vista! (¡Quién tuviese la suerte de Teodosio! suspira la que estas líneas escribe y que ahora todo lo ve entre brumas).

Esa piedrezuela que el Majá lleva en la boca la deja a la orilla del río. Nos dicen que, si alguien la recoge, el Majá lo mata azotándolo con la cola.

—«Vi uno que la puso en la orilla del río y se fue. La cogí. Era como una lenteja, un ojo pequeño de buey. No me pasó nada. Me hice una sortija, pero soltó como unas cascaritas y se disolvió...»

En la Sociedad Secreta Abakuá, la de los ñáñigos famosos de la colonia, admirables en el triste presente de Cuba por su resistencia al comunismo, el Majá —Miriñangué, Brukurubé, Nangabió— «trabaja» con Nasakó, el mago de la confraternidad de estos Masones africanos, que firman trazando una serpiente enlazada al tronco de una palma. El Majá fue el primero que hizo sonar a Ekue, el numen, resbalando sobre el primer parche de cuero de chivo del Tambor Sagrado en que Nasakó captó la Voz Divina.

El culto, la sacralidad del Majá y las funciones que desempeña, los encontramos en todas las «Reglas» africanas activas en la Isla; en los *Nso-Nganga*, templos congos, que es la misma casa del brujo, Padre Nganga, como en el *ilere*, que es la del Santero o Baba Oricha.

No puede prescindirse de él. Muerto el Majá se halla actuando entre los elementos fundamentales que componen la Nganga y vivo custodia y sirve a su dueño.

Los cuentos nos han familiarizado con el Majá y quizá no falten «personas mayores», por no decir viejos, de buena memoria que recuerden algunos.

En esas historias, la terrible culebra aparece con frecuencia inspirando violentas pasiones amorosas. Acaso porque como leemos en una de nuestras fichas «el Majá enseñó a los hombres a procrear con un baile muy bonito que consistía en mover frente a frente la cintura hasta que al son de la música las parejas se acoplaban».

Veremos...

Un matrimonio tenía dos hijos; una muchacha quinceañera y un chiquillo de diez o doce años con signo de zahorí.

19

Iban de mañanita a labrar un terreno y regresaban poco antes de poqerse el Sol. La hija les llevaba el almuerzo; volvía a la casa y tan pronto los padres llegaban del trabajo les servía una buena comida. La muchacha no trabajaba en las siembras porque era muy hacendosa y le tenían encomendado el cuidado de la casa y de los animales.

Un día no les llevó el almuerzo al labrantío. De regreso sus padres y su hermano, les explicó que su ausencia se debió a un cólico muy fuerte que había sufrido.

Esto ocurrió otras veces... No le dolía el vientre: es que se había enamorado locamente y por reunirse con su amante se olvidaba de cumplir su obligación. Su amado era el Majá que vivía en Mamba, la laguna.

Tan pronto quedaba sola mataba pollos, palomas y gallinas, o un cochino bien cebado, los cocinaba, los colocaba en un plato grande de madera, lo cargaba sobre su cabeza y corría a la laguna. Allí se sentaba en una piedra y llamaba al Majá:

>—*Gonseko gonsé Gonseko.*
>*Di dé yo é...*
>*Gonseko Gonsé Gonseko.*
>*Wara mákoé...*

El Majá, enorme, salía del agua y comía con su amante. Conversaban, se acariciaban, se despedían tiernamente y él se deslizaba satisfecho al fondo del agua.

Cuando la muchacha llegaba a su casa, cada vez más enamorada, sacaba cuatro o cinco boniatos, unos plátanos, los salcochaba malamente y era cuanto le daba a los suyos cuando cansados y con apetito volvían al caer la tarde.

—¡Pero hija! refunfuñaba el padre, mirando aquella pobre cena.

—¡No pude hacer más nada, me dolían las muelas! se disculpaba ella. O les daba un triste pedazo de tasajo y unos ñames cuando para el Majá había matado y guisado las mejores aves del corral.

Un día que la necesitaban en el sembrado su padre le pidió:

—Ven al campo para que nos des una mano.

—¡No, hoy no puedo! ¡estoy muy enferma!

No insistió el padre. El chiquillo, que tenía marca de Zahorí, una cruz en la lengua, se marchó muy pensativo y por el camino le confió a su padre:

—Mi hermana está haciendo algo que no está bien...

No se habían alejado mucho y ya ella desplumaba un guanajo y se disponía a matar un corderito.

Luego con el plato en la cabeza andando más ligera que una hoja arrastrada por el viento, se encaminó a la laguna.

¡Gonseko Gonsé Gonseko...
Dí de yo é
Wara má ko é!

La escuchó el Majá. Acudió, abrazó tres veces su cuerpo, comió, luego conversaron y cortando el diálogo de repente el culebrón:

—Conversación tá dúce, lengua ta dúce pero hoja calabaza tiene gujero. Y sin más explicaciones se hundió en el agua.

Cuando llegaron sus padres y su hermano, la muchacha sólo tenía ¡tres yucas para comer!

—Hija, protestó el padre muy disgustado, ¡desde que chapeamos tú nos matas de hambre! ¿Qué te pasa?

—Estoy malísima, no sirvo para nada y gracias que pude salcochar esas yucas, respondió ella.

—No está enferma, sentenció su hermano. Malísima sí está...

A la mañana siguiente, al momento de marcharse us madre, le suplicó que los acompañase; otra vez más se negó y la obligaron a obedecer. Se la llevaron amarrada, la soltaron en el campo y la mandaron a chapear. Al primer descuido escapó; volvió corriendo a la casa para cocinarle al Majá.

Su hermano, que sospechaba de ella, dejó el trabajo. Con muchas precauciones trepó a un árbol cercano al bohío y desde allí la vio cocinar y marcharse con el plato de provisiones en la cabeza.

Ya era hora...

El Majá estaba impaciente.

—¡Trajiste hoy muy poca comida! comentó.

«¿Para quién cocinará mi hermana?», se preguntó el muchacho.

No habló nada, pero al día siguiente fue él quien se escapó del trabajo, y siguió los pasos de su hermana.

Sus padres la habían dejado acostada quejándose de un terrible dolor de muelas. Y el chiquillo, tras ella, la vio desde un escondite tenderse en la orilla y la oyó llamar al Majá,

Gonseko, Gonsé, Gonseko...

que a poco acudió y amorosamente la rodeó, ondulando su cuerpo. Cuando ella le servió de comer, el muchacho indignado sin perder un minuto corrió al laboreo para contarle aquella escena a sus padres.

—Mi hermana tiene marido... y ese marido es un Majá. ¡Toda

nuestra comida se la da a él! El Majá se llama Gonseko, ella se sienta en una piedra, le canta; él sale del agua, se ajuntan...

—¡Vamos allá a matarlo! —rugió el padre.

—No, taita, espera, le dice el Zahorí. Mañana traigo aquí a mi hermana y Ud. lo matará...

Le enseñó el canto. Al amanecer agarró a su hija por las muñecas y le gritó: ¡Salga el sol por aquí, salga el sol por allá, usted viene conmigo a chapear!

No se atrevió a chistar; chapeando la dejó con su madre y con su hermano bien vigilada y él volvió a la casa: mató un cochinito, un carnero, gallinas y pollos. Preparó un banquete, vistió ropa de su hija y el machete bajo la saya, muy afeitada la cara y con su batea en la cabeza colmada de tan sabrosos manjares, se dirigió a la laguna imitando el andar de una mujer. Allí se sentó en la piedra, aflautó la voz y llamó tres veces.

Gonseko, Gonsé, Gonseko...

Apareció el Majá, salía, salía, salía del agua y haciendo olas parecidas a su cuerpo corría a darle un beso.

—No hay prisa, come.

El pelo de la barba que se había cortado el hombre se lo había puesto en la frente y mientras Majá devoraba confiado sacó su machete y lo cortó en veinte pedazos. Le aplastó la cabeza y arrojó los veinte pedazos al agua. Lavó bien la piedra que se bañó de sangre. Más tarde en la casa, el padre cocinó de nuevo para su mujer y su hijo. Para su hija preparó un buen trozo de Majá.

Esa noche, después de muchos meses de ayuno, los tres comieron a hartarse, pero la muchacha al llevarse a la boca lo que creyó que era un trozo de pescado, dio un suspiro pensando que su amado había ayunado.

—¡Ay papá!

—¿Qué pasa?

—La muela, que me dio un latido. Se quedó mirando los platos vacíos y se echó a llorar. La madre le dijo:

—Si tanto te duele la muela no te llevaré a chapear, te quedarás descansando.

De mañana al verse sola voló a la laguna, su plato bien provisto.

Se sentó en la piedra y llamó.

En medio de la laguna brotó hasta el cielo un chorro de sangre. La laguna era roja, como de sangre hirviente y cada llamada daba origen a un nuevo borbotón. La muchacha comprendió lo que había sucedido y juró vengarse. Volvió a su casa, la maldijo, recogió

22

su ropa y se marchó al monte firme donde están los Abikú y los demonios. Se internó en la espesura y tras mucho andar sin ver el sol, se encontró con el Diablo guardián, el de las Dos Cabezas que le preguntó:

—¿Dónde viene, dónde va? Y ella le cantó:

—Seregüengue digüengue
dásima dásima Namá mí koba yende
Tata mí kobayende
tía mio mí kobayende,
Mano mio mi kobayende
pero seregüengue ke Digüengue
Dásima Keregüengue
boyá famingó agüere
Faní yéngue,
Güere boyá faningó
faní yenyé.

—Pasa... sigue tu camino.

Más lejos encontró otro diablo. Éste tenía tres cabezas.

—Sigue tu camino... Te harán justicia.

Luego se tropezó con el Diablo de las Cuatro Cabezas; con el de las Cinco Cabezas, con el de las Seis Cabezas, que la dejaban continuar andando cuando ella les cantaba:

Seregüengu Digüenke...

Tras mucho caminar, ya a la entrada del Infierno, el Diablo Mayor, el de las Siete Cabezas, le dio el alto.

—¿Quién va?

—Ay Tata, mira lo que me pasa... Buscando voy mi venganza...

Nana mi kobayende.

—Yo no oye, dice el Diablo.

Bemba y barba le llegan al suelo.

—Sube oreja. No oye.

La muchacha trepa a la oreja del Diablo y le canta agarrada a sus pelos.

—Po poco poco que yo entiende tú tiene medio razón. Papá son ma diablo que yo; Papá me dio una galleta y oreja mía se rompió! ¡Canta otra vé!

23

La muchacha para mayor comodidad se había sentado en la boca del Diablo y cuando éste entreabrió los labios poco faltó para que perdiese el equilibrio y cayese dentro del abismo que era su boca.

—Engancha aquí la colmillo y yo vá dí...

Buscando su seguridad se acomodó entonces entre los dientes pero resbaló y el Diablo la tragó como una píldora sin hacerle daño.

Cayó en la gandinga infernal; allí estuvo mucho rato pero sintió hambre. Allá adentro ve guindando y temblando dinguí dínguin, sobre su cabeza la punta del corazón del Diablo. Sacó un cuchillito que llevaba escondido en sus faldas, y cortó un pedacito de corazón. Dos, tres, varios días se sustentó de pedazos de aquel corazón hasta que el Diablo cayó muerto. Hundió entonces el cuchillo en un costado; rajó hasta ver un filo de la claridad del día. Siguió rajando y logró hacer un boquete por el que con mucha dificultad salió afuera. Detrás de ella por aquel hueco, comenzó a salir gente y más gente del cuerpo del Diablo. Todo un pueblo; un pueblo que la aclamó porque ella los había salvado y la coronaron reina. Eran todos los que el Diablo se había tragado y tenía presos en su vientre. Obra fue del Majá. Esa reina tuvo otros amores pero jamás olvidó al Majá.

Para terminar, la gran calamidad que achaca a las mujeres mensualmente —el menstruo— se debe no precisamente a la especie del majá, sino a otra serpiente: la del Paraíso Perdido que castigó a la primera mujer, Eva, por haber inducido al pecado al primer hombre, a Adán.

En otros cuentos, versiones poco diferentes, también se nos presenta el Majá encendiendo en las doncellas el mismo fuego amoroso. La muchacha más bella del pueblo, con la que sueñan todos los hombres, los desprecia a todos. No quiere oír hablar de amor. Su secreto se descubre, dan muerte a su amante, un Majá, Dadari, que no le responde: dale wán e wán dale Ngóngoro mawán. Cuando un día ella lo llama: ¡Dadari Dari! é é yó bakú ba yo... Comprende que le han dado muerte y, desesperada, declara que va a arrojarse al mar, ante los cómplices del crimen,

Gó mi lé alé
Dengo ma adengo se fue
Gó mi lé alé
Kariempembe se va.
Camina avisa mamá

Domilé alé
Camina avisa a Papá
Domilé alé
Yo me voy con él
Domilé alé
Yo me voy a morí...

y corre hacia el mar y se arroja en él, sin que pueda impedirlo la multitud que va tras ella suplicándole que desista de su intento.

Algunas veces el Majá se disfraza de hombre —pide prestados los miembros que forman un cuerpo y que luego va devolviendo ante los ojos atónitos de la mujer que ha conquistado, o como en el caso de cierta bellísima y esquiva vecina de una de las viejas calles habaneras cercanas al puerto cuando había en ellas ventanas con doncellas que esperaban, pregones y organillos. Bajo el aspecto de un apuesto y rico galán, con el consentimiento materno, el Majá se llevó aquella doncella. La hizo entrar en un guadaño, empuñó los remos y se alejaron del muelle. Caía la tarde y el bote se encaminaba hacia la boca del Morro, la salida del puerto. La mitad del cuerpo del gallardo mozo era la de una serpiente que no tardó en ser enteramente una serpiente.

Ella empezó a gritar:

¡Mamita mamita
yén yén yén!
La culebra me lleva,
yén yén yén.

Y la culebra, el Majá, respondía:

Mentira mi suegra
yén yén yén
Este es juego de mi tierra
¡yén yén yén!

El Majá en esta historia que me contaba mi nana, devoró a la muchacha.

Pero otras veces es un protector que colma los deseos o defiende a su elegida...

Tomá el cazador se extravió en el monte y tropezando y abriéndose paso entre troncos y malezas columbró a lo lejos un bohío. Llegó a él, tocó a la puerta entornada y una vieja le respondió que el dueño del bohío Boanga-Boanga Panapoandé, se hallaba

25

ausente. Tomá le rogó que le dejase pasar y descansar un rato bajo su techo. Accedió la vieja y Tomá vio junto a ella a una joven bellísima que lo miró con curiosidad. También era muy joven Tomá y carilindo. La piel de su rostro era tersa, esmerada como de azabache. Tendido en el suelo durmió una hora, se levantó descansado, tomó su escopeta y se marchó. Pero a poco retrocedió y resueltamente le preguntó a la vieja si la doncella que la acompañaba era soltera.

—Sí, le respondió. No ha conocido hombre.

—Me casaré con ella, Mamá Señora. Volveré mañana y hablaré con su padre.

Al día siguiente se presentó Tomá y habló con Boanga-Boanga Panapoandé.

—¿Casarse con mi hija? —se dijo— si este hombre es bueno como parece, me ayudará.

Se concertó el matrimonio, Tomá se despidió prometiendo regresar días después, pero enfermó de viruelas y tardó en volver al monte. En cuanto sanó, corrió a casa de su novia. Ahora el rostro de Tomá está lleno de huecos y postillas y al verle su novia se le escapa un grito de horror.

—¡No eres Tomá! ¡Márchate!

—Sí, soy yo, soy Tomá. Es que la última vez que estuve aquí, al salir me atacó la viruela y me agujereó la cara.

—No te creo, pero si eres Tomá ya no te quiero. ¿Qué mujer puede querer por marido a un cacarañado con toda la cara llena de hoyos?

Tomá se marchó muy humillado, su corazón lleno de un mal deseo. Odio se tornó su amor. Se encaminó al Brazo de Agua, donde estaba purificándose un leproso. Llamó a Majá y así le dijo:

—A ti que eres el Santo-Rey de este Brazo de Agua vengo a pedirte que me pongas la cara de buen ver que tuve antes. En pago te daré la mujer que me ha despreciado.

—Está bien, hijo. No me faltes mañana, a la salida del sol, y exactamente a la salida del sol. Fiel a la cita Tomá, el Majá rodeó tres veces su cuerpo y enroscado en él lo lavó con su lengua y con la virtud que comunicaba a sus aguas, dejando su piel tan sana, lisa y lustrosa como antes.

Tomá compró en el pueblo lo que más desea una mujer: una manta de vivos colores, un vestido, unas chinelas y un abanico de sándalo. Llenó un jolongo con golosinas para los viejos y volvió al bohío solitario en el monte.

—¡Tomá, mi Tomá; tú si eres Tomá con su cara limpia y linda!

—Vengo a llevarte. No hay tiempo que perder, le dijo Tomá. Anda, vístete...

26

Le dio dinero a los viejos, que asiendo el jolongo, saborearon con avidez las golosinas. Tan pronto la joven se vistió con sus ropas nuevas Tomá se la llevó cogida del brazo. Mas no tomó el camino del pueblo, sino el trillo tortuoso y difícil de encontrar que llevaba a la Laguna donde aguardaba el Majá. Al divisarlos levantó una montaña de agua y serpeando fue a plantarse, erecto, en la orilla.

De pronto la muchacha se halló a solas con el culebrón inmenso. Tomá había desaparecido.

El Majá gigantesco la envolvió lentamente y nadando la llevó a un cayuelo en medio de la laguna.

—¡Tomá, Tomá! gritaba la infeliz. ¡Tomá sálvame! ¡Culebra déjame ya, que soy la novia del cazador Tomá!

—Como lo desdeñaste —replicó el Majá— eres la esclava de una Serpiente.

Tomá pescaba y cazaba con frecuencia en la Laguna. Tenía su canoa en la ribera. Remaba despacio y le disparaba a los patos y a las garzas que allí vivían.

Su novia, sola en alma, prisionera en el cayuelo le cantaba suplicante cuando oía los disparos de su escopeta:

> *Tomá só yandeke*
> *Andéke sóyan*
> *Tomá to fía nwán ioé*
> *andeke...*

Tomá recogía las aves heridas y las arrojaba al fondo de la canoa.

—¡Tomá soy tu novia!

—Tengo agujereada la cara, le respondía invariablemente. Tú eres la mujer del Majá que tiene la piel lisa con motas de plata.

—¡Tomá te quiero con tu cara limpia y linda! ¡Ten piedad de mí!

Imperturbable Tomá no le hacía caso. Cruzaba junto a ella sordo y sin mirarla.

En atención a su importancia en los cultos africanos, a la utilización de sus virtudes en el campo de la medicina popular y de la magia, situamos al Majá en primer lugar en estos apuntes.

No dejaremos de recordar que la sabiduría que anima su conducta en el plano de la vida cotidiana dio origen a un cubanismo, sinónimo de ocioso, y a la vez a un verbo, majasear, que ya no tiene sentido para los cubanos que habitan en los Estados Unidos y menos para los que han nacido aquí. Majasear. Fulano majasea. Majaseando... Estar majaseando es hoy —y en USA— un placer desconocido.

JUBO

—Dromicus Angulifer.

A esta culebra muy corriente e inofensiva, culebrita pintada y pequeña, que vive entre piedras y malezas, gran número de Mayomberos la consideran como *guardiera* más brava para la Prenda que el Majá. Su acción es superior a la de éste.

—«Se le corta la cabeza y ésta con el rabo se coloca dentro de las Ngangas.»

También el Jubo le pertenece a Naná Bulukú y está relacionado con otras divinidades y con todo lo sobrenatural.

No obstante ser inofensivo y de no poseer una gota de veneno, el Jubo si se le ataca, se yergue y se defiende furiosamente fustigando a quien lo ataca. De ahí que algunos sostienen que el latigazo de Matakumbé, un cruel mayoral de la plantación de los Beguiristain en Sagua la Grande, se transformó en su mano en un Jubo que lo azotó hasta dejarlo inconsciente en castigo del maltrato que daba a los esclavos.

De lo peligrosas que son las *Prendas* que se construyen con serpiente, aun para sus propios dueños, sirva de ejemplo la siguiente historia:

En aquella tierra hasta entonces había reinado la paz, pero se declaró una guerra y un hombre que poseía un hermoso arrozal fue a pelear. Tenía siete hijos, y antes de partir pensó: mi arroz, a que alguien se lo apropie prefiero que se pudra.

Compró una cazuela y la «fundamentó».

—Usted, le dijo a la Nganga, no me deje caer un grano de arroz hasta que yo regrese. Máteme al que entre a llevarse una espiga. Y el hombre se fue a la guerra.

El mayor de sus siete hijos dijo un día: «¡Hace ya cinco meses que marchó mi padre, y no hemos visto cómo está su campo!»

—Ve y vuelve pronto, le dijeron sus hermanos, el tiempo está revuelto.

Fue y vio el arroz altísimo.

—¡Qué lindo!, comentó en voz alta. Me llevaré unas espigas. Y la cazuela canta

> *Táo yá ónde yao*
> *Tao yandé yao*
> *Ejún!*
> *Bikí níba kinibá*
> *Tao yalende yao*

y el muchacho cayó muerto.

Nganga cumplió.

Y allí todo el que entraba sucumbía, el Totí, el Gorrión, el Negrito, la Rata, el Toro... Se podía entrar mas no tocar.

Otro hijo del ausente, al advertir que su termano no volvía fue a buscarlo.

Admirado quedó al contemplar el campo.

Tropezó con el cadáver de su hermano y al caer rompió una espiga.

Cantó la Nganga

> *Tao Yalende...*

mientras el mozo agonizaba y la espiga torcida se enderezaba.

—De siete hijos, me quedan cinco, se lamentó la madre, y el quinto hijo fue a buscar a sus hermanos. Como después iba a visitar a su novia entusiasmado con la belleza del arroz se dijo: —Le llevaré un mazo. Y al formular aquel pensamiento, escuchó el canto de la Nganga, y murió al instante.

Ya no quedaba más que el más pequeño de los hijos de aquel hombre, y la madre decide ir con él a buscarlos a todos.

El chico descuelga un viejo fusil de su padre. El fusil está cargado. Sale y el niño va delante.

—¡Qué lindo está el arroz! —exclama la madre tropezando con uno de los cadáveres y cayendo a tierra.

El chiquillo apunta a la cazuela. dispara y la desbarata.

—¡Vamos, madre, que aquí hay Diablo!

La madre se incorpora y huyen.

Van a visitar al Gobernador.

—¡Señor Gobernador, el arrozal de mi marido está sembrado de cadáveres!

En esto un regimiento de soldados iban a pelear, y el pequeño les advirtió que si pasaban por un campo de arroz no tocasen una sola planta.

No le hicieron caso. Muchos soldados murieron.

Se preguntó el Comandante:

—Aquí ¿quién mata a la gente?

Mandaron a buscar al dueño del arrozal.

—¿Usted sembró ese arroz? —le preguntó el Comandante.

—Sí señor. Y cuando estaba para cosechar tuve que marcharme. Compré una cazuela grande para que matase al que me robara mi arroz.

—Pero usted debió decirle a la Nganga que no matase a sus propios hijos.

Muy justamente aquel hombre fue sentenciado a garrote.

En fin, no debemos omitir que se entenderá el lenguaje de los animales bebiendo la sangre y comiendo la carne de estas culebras, ya que no se ha podido averiguar el nombre de la planta que arrojándola al fuego nos lo hace comprensible.

JICOTEA

Más cerca de nosotros, más humana, menos misteriosa, sin el aura sobrenatural del Majá, la fama de Jicotea (Emys Decussata), no tiene nada que envidiar a la de éste.

La agilidad de su inteligencia, su astucia en la que estriba toda su fuerza y la defiende más que su duro carapacho, sus mañas y argucias, su gracejo, le han asignado, mejor dicho, le han conservado en Cuba, el puesto importantísimo que ocupaba en el folklore del sur de Nigeria y de otras tierras del continente africano. Porque esta pequeña tortuga, que no mide más de un pie, indígena de la Isla, como su nombre, no llegó en el barco negrero para ir a poblar nuestras lagunas, arroyos y pantanos, ya estaba en ellos. Son sus historias, las que nos trajo la trata que identificó a Jicotea con Irú Ndaba.

En la vieja «Histoire Naturelle et Morale des Iles des Antilles de l'Amerique» su autor Louis Ponty nos habla de ella.[1]

1. «Las tortugas de tierra se encuentran cerca de las riberas de agua dulce menos expuestas a desbordamientos o en estanques o pantanos bien lejos del mar. Están enteramente cubiertas de un carapacho diferente al de las tortugas de mar, y que es tan grueso por todas partes que le asegura la vivienda al animal al extremo que las ruedas de un carro al pasarle por encima no podría romperlas. Pero lo más maravilloso es que esa estrecha casa movible se agranda a medida que su huésped aumenta de tamaño. La cubierta de arriba es del largo de un pie y medio, de figura oval tallada como un escudo enriquecido por arriba con varias rayas formando pequeños compartimentos en relieve perfectamente simétricos. Todos entrelazados y cubiertos en algunas partes de blanco y amarillo. Esta especie de tortuga tiene la cabeza muy fea porque se asemeja a la de una serpiente. No tiene dientes, sólo maxilares de huesos lo suficientemente fuertes para masticar y tragar lo que quiere. La sostienen cuatro patas que son muy débiles para soportar la pesadez de su cuerpo, de modo que no confía en su ligereza para escapar y ganar algún escondite cuando la persiguen: pero si se encuentra al borde del río, o del estanque y puede precipitarse en ellos no busca otro abrigo ni ventaja que su propia casa, bajo la cual lo mismo que el erizo y el armadillo, retira prontamente su cabeza, sus pies y su cola si teme el menor peligro.

32

«Les tortues de terre se trouvent prés de Rivieres d'eau douce qui sont le moins sujettes aux debordements, dans les étangs et dans les narécages qui sont bien eloignés de la mer. Elles sont couvertes de tous cotés d'une dure et solide croûte qui ne se leve point par ecailles comme celles de la tortue de mer, et qui est si epasse par toute que elle fait d'un point si assuré a l'animal qui y fait la demeure que les roues d'un charriot passeront par dessus elles ne seroit pas les briser. Mais ce qui est des plus merveilleus est qu'il ne peut jamais estre a l'etroit dans cette maison mouvante: car elle s'elergit a mesure que le corpa de son hoste prend de mouveau accroissemente. Le couvert de dessus est un quelques unes de la longeur d'un pied et demy. Il est d'une figure ovale creusé comme un boucher enrichy par dessus des plusiers rayes qui sont arrangáes en different paquets qui paraissent un peu relver et qui forment plusiers petit compartiments d'une perfaite symmetrie. Tous ces entrelacements sont couchez sur plusiers endroits de blanc et de jaune.

Cette espece de tortue a la teste fort hideuse car elle est semblable a celle d'un serpente. Elle n'a point de dens mais seulement des machoires qui sont d'un os assez fort pour briser ce que elle veut avaller. Elle est supportée de quadre pieds, qui sont bien faibles pour soutenir la pesanteur de son corps. Aussi elle ne se comfie pas en leur legereté pour se sauver et gagner quelque retraite lors qui elle est poursuivye: mais si elle est sur le bord de la Riviére ou des étangs dans lequels elle puisse precipiter elle ne recherche aucune autre abory ni aucune autre avantage que le toiet de sa propre maison sous le quel de même que le herisson et l'armadille elle retire domptement et seurement sa tête, ses pieds et sa queuve aussitot qui elle craindre le moindre danger.

La femelle pose des oeufs de la grosseur de Ceux d'un pigeon mais en plus longuets. Elle les cache dans le sable et les comfie aux soleil pour les couver et les faire eclore. Bien que quelques unes tiennent que la chair de ces tortues de terre sont de difficil digestión, ceux qui en ont goûté la rangent entre les viandes les plus exquises et les plus delicates de toute l'Amerique et las Medicins du pais la conseillent a ceux qui sont menacés d'Hidropesie.»

Su nombre sugiere que toda Jicotea es hembra. Esto debe mo-

La hembra pone huevos del grueso de los de un pichón. Los esconde en la arena y los confía al sol que los incuba. Aunque algunos consideran que la carne de estas tortugas de tierra es de difícil digestión los que la han saboreado la colocan entre las más exquisitas y delicadas de toda la América —y los médicos del país la aconsejan a los que están amenazados de hidropesía.

lestar mucho al macho, que jamás se menciona y que se llama, nos dice don Felipe Poey, Jarico.

Jicotea, en el mundo animal, es además un ejemplo de vitalidad asombrosa.

—«Dicen que los gatos tienen siete vidas. Es hablar un poco a la ligera. ¿Dónde me deja usted a Jicotea? Córtele la cabeza... y ya muerta los ojos siguen mirando, y la boca se cierra, se abre, muerde y su corazón sigue latiendo. Palpita en agua hirviendo.»

Se nos ha dicho que Jicotea vive metida prisionera en un saco de piedra cumpliendo un castigo, aunque «antes andaba derecho y sobre dos patas, *era cristiano*, pero cometió un delito». Dios, (Olofi) que había dicho: los mayores serán respetados por los menores, lo mandó a buscar pues Jicotea faltó a este precepto, y echándole en cara su culpa, lo maldijo: «Andarás arrastrándote sobre tus cuatro patas cortas.»

Más detalladamente, tomada la historia al dictado de un Moyé, de un sabio: «Si Jicotea está metida dentro de una coraza de piedra es por conversador. No puede salirse de ella, y así preso por la maldición de Olofi anda por el mundo.»

Jicotea era esclavo de Elegua y una vez que los Ocha (dioses) estaban reunidos, sin que nadie lo invitase se presentó porque ellos querían averiguar cuál era el secreto de Elegua que ninguno sabía. El secreto de Elegua consistía en tres güiros, que guardaba Jicotea. Ese secreto Jicotea lo reveló. Los güiros, que se llaman Osain, hablaban[1] más que el Dilogún (los caracoles), el ockuelé y los Ikis de Ifá. Todo lo que ocurría e iba a ocurrir en el mundo se lo comunicaban a Elegua. Elegua lo sabía. Jicotea se los robó traicionando a su amo. Por lo que Olofi lo maldijo y los Orichas lo echaron de su reunión. Se supo que los güiros estaban cargados con la cabeza y las dos patitas de la Tórtola, que conversa como nosotros y la cabeza y las dos patas del Perico por la misma razón.

Los cuerpos de estas aves estaban reducidos a polvo y con los del bejuco Amansa Guapo se habían introducido en el güiro. Además de otro bejuco que se llama Lengua de Gallo (en congo Guakibán). Siete a nueve entre dientes y colmillos de hombre, su cráneo y su pelo; tres semillas de mate, siete medios antiguos, bibijaguas, media botella de aguardiente. Y así continúan cargándose los Osaín, incluyendo en ellos un papel con el nombre del difunto de cuyos dientes, pelos y cráneo se ha apoderado el Ochono. El güiro se entierra y permanecerá enterrado veintiún días. Si se va a utilizar para hacer el bien, se enterrará en jueves, viernes, sábado o domingo. Para mal, en los días en que opera el

_____
1. Auguraban.

34

Diablo, los lunes, martes o miércoles. Y no se olvide, que después de la traición de Jicotea, se pone en el Osaín su cabeza y sus cuatro patas.

Hay quien tiene enterrado el güiro durante seis meses y otros seis lo tienen destapado.

Estos güiros hablan, y en la provincia de Matanzas los hubo famosos.

—«Tiene parte en el Infierno»... nos han asegurado muchas veces con sonrisa maliciosa. Pero no olvidemos que la humanidad le debe el fuego a Jicotea pues el único que podía encender su hogar y utilizarlo era el Diablo, y Jicotea se lo robó, lo escondió dentro de su carapacho y luego lo repartió entre los hombres.

Su jerarquía se la confiere Changó.

Éste se moría de hambre y se le apareció Inle (Erínle). Lo invitó a pasear y Changó le confesó: ¡no puedo, me muero de hambre! Inle le respondió: solo tengo esto que darte, y le presentó a Jicotea. Miró Changó el carapacho y le preguntó:

—¿Pero, Inle, como podré comerlo?

Apareció en escena un viejecito que dijo: Si quieres yo la cocinaré. Y con un cataruo de yagua verde hizo una cazuela que puso sobre un trípode. La yagua era verde, hacía agua y no cocía. La Jicotea brincaba adentro, y cuando empezó a oler aquel guiso, lo probó con expresión de asco.

—¿Cómo está?

—Un poco dura.

Cuando la Jicotea estuvo a punto de ser comida, Changó mandó al viejo a un mandado. Trepó a lo último de la palma con el apetitoso cataruo; lo devoró todo, no dejó nada, y lo arrojó luego a la cabeza del viejo gritándole:

—¡Vuelve a cocinar para que comas!

La Jicotea es el alimento preferido del dios Changó. Pero no es prudente dársela muy seguido porque es muy fuerte. Antes de sacrificársela al Oricha se le toca Acheré (Maraca), y se le presenta el cuchillo y se le explica lo que se va a hacer.

Cuando Changó se enfurece para calmarlo se le ofrece una Jicotea. Es indispensable no sólo para Changó sino para Agayú y Osaín. También Ifá «tiene parte» en la Jicotea. Mas sus verdaderos dueños son Changó y Osaín.

«Fue el primer animal que comió Changó. Después fue el carnero, cuando éste desafió al trueno.»

Jicotea es un mensajero de tierra y de agua. Algunos viejos nos dicen que se llama Góngo. Para Juan O'Farril, y los bini: Matenga Iwi, por Ayakuá Tiroko, Guna, la conocen muchos. Ña Mecé la llamaba Waio.

Létu létu wamiloroké
Ayagúna wá io —canturreaba la vieja.

En Santa Clara se estima que «el secreto de la Caridad del Cobre, de Ochún, es Jicotea». Por eso el desgraciado, el atrasado debe buscar y tener una Jicotea.

(«También el enfermo que coma para fortalecerse, arroz amarillo con Jicotea.»)

Jicotea suele servirle de vehículo a Yemayá, que se instala en ella. Es avandana africana de dioses, y como del Majá nos hablan de ella custodiando un río o una laguna.

Inseparable, como es sabido, de Changó, cuando él truena haciendo temblar la tierra, parte los huevos que ella abandona para que nazcan más Jicoteas.

La sangre de Jicotea es también preciosa para las Prendas de Mayombe Palo Monte.

La magia, blanca y negra, cristiana y «judía» como la llaman los negros, es decir beneficiosa y maléfica, hace gran uso de Jicotea.

El agua en que se tiene una Jicotea, «desbarata Daños», mata las brujerías y el que la tiene en los pies porque ha pisado una, como ocurre frecuentemente, pues suelen depositarse en el suelo, a la entrada de las casas, bastará que se los lave con esa agua para inmunizarse.

También los suelos de las casas y la acera, se friegan con agua de Jicotea para eliminar cualquier mal.

La parte superior del carapacho sirve para bien, la inferior para mal.

La superior para el hombre, la inferior para la mujer.

Para un maleficio se toman las uñas de los pies de quien será la víctima, colmillo o diente y cabello de un muerto y con esto y el carapacho de la Jicotea forrado con paja de maíz, y en el que se hace un nudo («se linga») y atraviesa con un clavo, se lleva a la Ceiba y tres días seguidos se va clavando poco a poco en el árbol. Se dice: lo mismo que sufre esta Ceiba que sufra X...

Se deja allí clavado el trabajo, pronunciando el nombre de la persona odiada.

Al contrario, si un trabajo es para suerte (solicitar empleo, ganar dinero, asegurar una buena situación) «se coge la cabeza de Jicotea, se corta, se seca y se conjura. Se le pone un palito en la boca para que no la cierre. Escribir en un papel el nombre de la persona interesada, se toman Yerba Jorubana, Adormidera, pero no de espina, palo Cuaba, Amansa Guapo, bejuco Batalla, y todo se raspa, se hace polvo y se coloca en un papel con el nombre del sujeto, se dobla el papel con el polvo y se le mete dentro de la boca de Jicotea, que entonces se cierra y se cose».

Para un juicio: «se meten en la boca de Jicotea dos alfileres cruzados y una raíz de tocino y se la cose con hilo puro de seda. Se le pide a la Jicotea lo que se quiere y se lleva ese talismán al juicio, y la persona que va a acusarlo se queda muda como la Jicotea que no puede hablar». (Lo mismo se hace con la lagartija y el sapo, pero a éstos se les deja vivos con la boca cosida).

Muchos amuletos de Changó se hacen pequeñitos de modo que puedan llevarse en el bolsillo. En efecto el carapacho de las pequeñas Jicoteas muertas, tan valiosas por sus propiedades mágicas se llevan fácilmente en el bolsillo, preparadas por el brujo con un mate, palo Jicotea, Bejuco Boniato y Espuela de Caballero, «es un resguardo inmejorable». Opina X.X. «superior a la Oración del Justo Juez y del Santo Cristo del Sepulcro prendidas con siete agujas».

(Era la oración de los insurrectos).

Uno de nuestros más viejos informantes nació en una hacienda en que predominaban los lucumí y entre ellos los había «muy malos...» «Yo recogí unos botones blancos que uno tiró, e hice una Prenda de Jicotea, ¡pero no pudimos andar con ella! Un viejo la vio y se la llevó. ¿Puede usted creer niña, que aquella Prenda después de compuesta parió una Jicotea?

Los jóvenes cogimos una Jicotea, dentro del carapacho le metimos palo Jía, Guamá, Zarza, Ayúa, sin saber lo que hacíamos. Le dejamos la boca abierta. La animábamos espurreándole aguardiente con ajo.

La guardamos en un cajoncito y al ir a verla ¡nos encontramos una Jicotea chiquita recién nacida!»

Un Padre Nganga, para *Nfuiri Munalumbe*, nos explica cómo ha de procederse para causar un «daño».

«Tomo un plato blanco. Salcocho un poco de frijoles y otro poco de arroz blanco sin echarles sal. Pongo a un lado del plato, en los bordes, un puñadito de cada cosa, tres fósforos y un tabaco, y en medio el nombre y apellido de quien será atacado.

Voy con él a un naranjo, de frutos agrios o dulces, no tiene importancia, y llamo a Agróniga.

Luego, en la casa, se le presenta una Jicotea a la gente, se llama a *Bako Aribó*, y a la persona, conjurándola con San Antonio, Santa Bárbara y Santa Marta. Se toma *pémba* (una brasa) y se le pasa a una Jicota por todas las rajas que tiene en el carapacho de abajo, hago cruces y juro. Hago un ariquito. La mato con un machete. Nunca con cuchillo: se parte por los lados. No se le corta la cabeza, se le arranca. La sangre cae sobre la Nganga.

Mientras la Jicotea se mueve pedirle lo que se quiere. Con las cuatro patas, la lengua, la hiel, un cachito de todo, hago un ariquito.

Si la persona es de las que caminan poco, dos patas; si es callejera, las cuatro y entiso con tres clases de hilo. La carne restante la cocino con arroz y la llevo a una Ceiba. Llamo a todos los Santos y la dejo al lado del árbol. Una vuelta a la derecha, me hinco de rodillas, vuelvo a llamar y pido una parte del ingrediente que guardo en un pomo y lo tendré delante».

Estos ejemplos bastan para que el lector tenga una idea de cuanto puede obtenerse en *ichéyé* (magia) con este animal.

También son innumerables las historias de este pequeño y gran personaje de nuestro folklore.

Sólo contaremos unas cuantas.

Jicotea era muy ágil y gran danzarín. Hace siglos de esto. Un día le prestó su cintura a Changó. En la cintura de Jicotea, ¿quién lo creerá? estaba el «*aché*» del baile. Changó causó sensación, tan grande fue su éxito que se negó a devolverle la cintura a Jicotea.

—¡Dámela Changó! Estoy muy incómoda. Dámela que no puedo sentarme bien. ¡No puedo agacharme para poner mis huevos y sacarlos!

Entonces para consolarla un tanto de la pérdida de su cintura le prometió: —Yo me encargaré de sacarte los huevos.

Y así es que Jicotea pone sus huevos y ahí se están esperando que Changó (que algunas veces lo olvida), truene, se rompan las cáscaras y nazca su prole.

Eleguá le hizo un iche (brujería) a Changó cuando Changó no comía Jicotea, y él aún no comía primero que todos los Orichas. Por efecto de aquella brujería, Changó estaba gravísimo y como Orúmbila es médico fue a que le diagnosticase y lo curase.

—Tu mejor amigo, dictaminó Orula, es tu peor enemigo. Ve a ver a Olofi. Él te salvará, es el único que puede hacerlo.

Cuando Changó llegó a los pies de Olofí, Olofí mandó a buscar a Eleguá —al más chiquito de los Diez y Seis Eleguá que unos dicen que es Añagui Obí «el más chico y mayor en categoría». Vive metido en un coco a la orilla del río. Este Eleguá se compone serruchando coco, Obí, y se rellena con una masa de arena de río, viruta de oro y piel de tigre. Exteriormente el coco se forra con tela roja enteramente cubierta con cuentas rojas y negras. Lleva pluma de loro y es obra del Babalawo.

—¿Por qué, le preguntó Olofí, le ha hecho daño a Changó?

—Porque quiere comer antes que yo.

—Pues como le hiciste el daño, tú mismo tienes que sacárselo.

—Está bien, pero con una condición, respondió Eleguá. Que yo comeré el primero y que él, que le tiene asco a Jicotea, coma Jicotea.

¡Tó! ¡bán Echu...!

Eleguá pasó sus manos por las piernas de Changó y éste sanó enseguida. Desde entonces es que Changó come Jicotea.

La escasez se hacía sentir; había poco qué comer y Jicotea, pobre, sufre y discurre. «¿Cómo llenarme la panza?» Se le ocurre una idea: había en el mercado un árbol hueco. Se metió dentro y cuando el mercado se llenó de vendedores y de gente ansiosa por hacerse de algunas provisiones, del árbol se escuchó un canto, y al compás de éste se vio que el árbol se balanceaba y echaba a andar. En el colmo del asombro y aterrados ante aquel prodigio, compradores y vendedores echaron a correr y no quedó un alma en el mercado.

Jicotea cómodamente, lenta y pausada pudo llevarse todas las vituallas y hasta los próximos días de mercado engulló a sus anchas.

Efectivamente en África, recordaban algunos viejos los mercados tenían lugar al aire libre en una explanada y allí se llevaban y se vendían productos y comidas.

El próximo día de mercado se repitió la misma escena. Cantó el árbol, bailó, y el pueblo pensó que el Rey debía intervenir, dada la gravedad del asunto. Y el Rey, Oba, mandó a Ochosí el Cazador, el Dueño de la Flecha, pero cuando el árbol entonó su canción y bailó, Ochosí, hijo de la Selva, que jamás en ella había presenciado nada semejante, también echó a correr.

Eleguá dijo que él resolvería ese problema, que lo dejasen de su mano. Mas el árbol que avanzaba hacia él cantando, y moviendo cadenciosamente sus ramas, lo tomó de sorpresa y con la muchedumbre que huía, escapó.

Oba entonces envió a Osaín. El Dueño del Monte fue con su pincho y tranquilamente se sentó junto al fogón de la vendedora de bollos. Ya estaba rojo el fogón cuando volvió a escucharse el canto del árbol, que iniciaba su baile como en los días anteriores y la plaza volvió a quedar desierta.

Osaín, en el puesto abandonado de la bollera, continuó impávido apoyando su hierro en las brasas. Salió Jicotea de su escondite y comenzó a reunir las mercancías y a meterlas en un saco. No vio a Osaín y se dirigió a la venduta de la bollera para llevarse el Akara, que tanto le gustaba. Osaín se había tendido en el suelo, cubriéndose con pajas de maíz. Al acercarse Jicotea le hundió en el carapacho su hierro ardiente y se apoderó de ella.

Jicotea le suplicó que la hiciese su esclava.

—No, le respondió Osaín. No serás mi esclava. Serás mi comida.

Desde aquel día a Osaín se le ofrenda la sangre de Jicotea.

Cuentan que Jicotea se enamoró de la hija del Rey.

Oba había prometido que al pretendiente que más corriese le daría su hija en matrimonio. Entre éstos se hallaba el Conejo, y el León, el Tigre y el Venado, dijeron: Con conejo no corremos.

—Yo sí, declaró Jicotea. Por la orilla del río, adquiero velocidad. Y fue así que en cada tramo del camino apostó a una Jicotea de su larga parentela.

El Conejo iba cantando:

yawani chéche
yawani chéche

y Jicotea:

Tembure dié ché
Temburédie,
Ché Temburé

Cuando el Conejo creyéndose vencedor en la justa llegó jadeante al palacio del Rey, al Afín, Ilé Oba, se encontró a Jicotea sentado a la mesa.

De la siguiente historia hay muchas versiones: el perro era propietario de una finca muy bien sembrada. Jicotea se introdujo en ella, fingiéndose enferma.

—Buenos días, Compadre.

—Buenos días,Comadre.

—¡Ay, Compadre, estoy muy enferma!

—Pues aquí tiene un rincón, le dijo el Perro. No vaya a mojarse por falta de techo.

Pedro Animal iba al lindero de la finca a robar maní, y todas las noches comía maní y le brindaba un poco a Jicotea.

—¿De dónde saca ese granito tan rico?

—De ahí adelante, dijo Pedro Animal. Jicotea lo siguió. Llegaron a la siembra de maní. Jicotea mete mano, saca y come, pero al mismo tiempo arrancaba la mata. El dueño se da cuenta y pone al buey de vigilante, que ve entrar a Jicotea y muge.

> *Burrei... burrei*
> *Asú Kayá*
> *Maní sé sé*

Jicotea se esconde y se escabulle, pero Pedro Animal se tropieza con el dueño del campo de maní que le pega duro. Pedro Animal resiste y se marcha para no volver jamás.

En cambio Jicotea continuaba robando.

El hombre hizo un muñeco y lo untó de liria. Jicotea lo saludó al encontrarlo.

—Buenas noches, caballero.

Aquel caballero no le devolvió el saludo.

Jicotea extendió una de sus manos, que quedó pegada al muñeco y tratando de desprenderla, toda ella quedó adherida al grosero personaje que no respondía a sus saludos.

A la mañana siguiente la encontraron.

—Vine de paso y mire uste. ¡Me pegué!

—Ahora verás, le dijo el Dueño que puso un caldero con agua a hervir.

—¡Cará! —Comentó Jicotea como hablando a solas— ¡qué bueno! agua caliente me dá vida. Pero si me zumba al río, ¡ay Dios! me mata.

No se echaron sus palabras en saco roto. Al río la tiraron. Cayó en mitad de la corriente y a poco se mostró en la superficie nadando alegremente.

—¿Me viste? le gritó al hombre.

—¡Canalla, sinvergüenza, claro que te he visto!

—¡Ah, pero no me cogiste! ¡gracias!

En un país anárquico el Rey nombró gobernador a un pájaro de pico muy duro. Al de mala conducta, mujer u hombre, su pico lo destrozaba. A ese país llegó Jicotea. Se ocultó debajo de siete calderos de hierro. Algo sospechó el pájaro e inquieto comenzó a picotear los calderos —bastante se le ablandó él pico—, pero al fin descubrió a Jicotea y se la tragó. Dentro del pájaro Jicotea se pasea por todo su cuerpo y abre un agujero en su vientre.

El pájaro va a darle cuenta al Rey de lo sucedido y Jicotea asoma su cabeza y dice:

—¡Este Gobernador no vale nada!

Lo desacredita y el Rey pregunta:

—¿Pero quién habla?

—Yo.

—¡Aquí, grita el Pájaro, no habla nadie más que yo!

—Yo, yo, insiste Jicotea.

Poco a poco Jicotea se lo fue comiendo todo y se mostró.

—¡Ah, le dijo Jicotea al Rey. Era un déspota, pero con toda su guapería conmigo no pudo.

El Rey, admirado lo nombró Gobernador.

Jicotea se le escapó a Ochosi que le quería comer. Se dio cuenta de las intenciones de Ochosi y fue a casa de Ochún.

Al llegar a su casa Ochún y encontrarse a Jicotea la hizo prisionera. Jicotea se lamenta.

—¡Yo, no le hago daño a nadie! ¡Lo que yo quiero es vivir! ¡Vivir!

Dijo Ochún:

—Estás presa y bajo mis órdenes. Ahora encenderé la candela esperando a Agayú.

—Bendita sea el agua caliente que es mi elemento. Pero Ochún, ¡quiero vivir! No vayas a tirarme al pozo.

Ochún la agarra, y cruel, la arroja al pozo. Y ella feliz.

Ochosi buscaba a la Jicotea por todas partes. Cansado, va a casa de Ochún. Saluda y pide un jarro de agua.

—Ochosi, mi tinaja no tiene agua, le dice Ochún. Ve al pozo y saca agua.

Ochosi va al pozo con la tinaja y lo primero que ve en el fondo es a Jicotea.

Cree que Ochún se burla de él y vuelve muy enojado:

—¡Me has mandado a ver lo que tanto busco y lo tienes en tu pozo!

—¿Qué tengo? le pregunta Ochún de buena fe.

—A Jicotea.

Jicotea escucha desde el fondo del pozo. Esconde la cabeza, y se hace la muerta.

Ochún y Ochosi se acercan al pozo. Miran.

¿Está muerta, está viva? Ochosi se decide a bajar.

Jicotea ruega pidiendo lluvia y súbito comienza a diluviar. La laguna llega al pozo, sale Jicotea, la tierra está anegada y todos se suben a los techos.

Ochosi no pudo apoderarse de Jicotea.

Jicotea también hace favores... Ayudó a un hombre hambriento que quería trepar a un árbol para comer sus frutos, y se sacó las tripas para que subiese por ellas. El hombre llenó su jolongo y descendió. Luego Jicotea oyó que le decía a su mujer:

—Tráeme agua para lavarme las manos y quitarme esta peste que me han dejado las tripas de Jicotea.

Jicotea se sintió muy ofendido.

Al día siguiente cuando el hombre estaba en lo más alto del árbol, retiró sus tripas antes de que bajase y volvió a metérselas en el vientre. E hizo una brujería que condenó al hombre a permanecer para siempre en lo alto de aquel árbol.

Viejos matanceros narraban que en el ingenio Acana se celebró una junta a la que concurrieron Jicotea y el Caballo. Al terminarse ésta, cuando llamaron a comer, dijo Caballo.

—Caballeros, ahora tengo que ir a La Habana, pues estoy preocupado por mi novia. Voy a verla.

Dijo Jicotea:

—También yo tengo una novia en La Habana, en la calle de la Salud.

—¿Cómo? exclamó el Caballo. ¡Aclare eso, porque allí mismo, en la calle de la Salud vive la mía, no sea cosa yo vaya a acuchillarlo a usted. ¡O usted acuchillarme a mí! ¿Cómo se llama su novia?

—Desideria.

—¡Así se llama la mía!

—¡Pues vamos, Caballo, a La Habana a aclarar eso! exigió Jicotea.

El padre de Desideria era zahorí. Preocupado, cuando se presentaron los presuntos novios y Jicotea; dijo:

—¿Cómo está mi novia, esa que está ahí dentro en la mecedora? y lo mismo dijo el Caballo. El padre que no sabía a qué atenerse, propuso:

—Desafíense y a ver quien se gana a mi hija. Vuélvanse mañana a Matanzas, y el que llegue aquí primero pasado mañana, se casará con ella.

—Bien.

Y, viejo subterfugio de Jicotea, apencó a sus parientes y amigos de La Habana, y como había hecho en otras ocasiones, las apostó en los sitios que más le convenían.

A la madrugada el Caballo llamó a Jicotea.

—Yo voy arrancar...

Tomaron café y Caballo salió por el camino limpio.

—Yo no voy por ahí, dijo Jicotea.

—Te vas a enredar tus patas cortas.

Cada uno parte por su lado y Jicotea:

> *Bururán bururán*
> *ten ten grené ten ten grené*
> *tente grené*
> *Iyá ti kindé. Iyá ti kindé*
> *¡Iyá ti kindé!*
> *Domilé to*
> *Chen Capitán Baluré*
> *Barandó kambierá*
> *Ten ten grené...*

Caballo llegó a un paradero de tren. —¡Jicotea pata corta! Jicotea ¿cómo vas a correr conmigo?

Y Jicotea le contesta:

> *Iyá ti kondé atí kondé*
> *Domiló chen Capitán Baluré*
> *Barandó Kambura.*

Caballo echa a correr:

> *Bururán bururán*
> *Ténte irené. ténte irené*
> *tente irené*

Más lejos, Caballo se detiene. Jicotea está ahí; ha llegado antes que él y dice:

> *Iyá atí kondé*
> *Atí kondé.*

Salta el caballo. Llega al pueblo de Tapaste, y pregunta:

—¿Quién me sigue?

Responde Jicotea:

—Aquí estoy yo.

El caballo emprende otra carrera loca, corre, corre. A las puertas de La Habana se detiene a beber en una bodega y allí escucha a Jicotea que repite:

—Iyá atú kondé domiló tén.

Ya en La Habana está la novia con traje de cola, sentada en un banco bajo una palmera. A sus pies, sobre la cola, sentado Jicotea.

—¡Yo vencí! ¡Anda búscate otra novia!

El caballo relinchó, pateó y jamás ha vuelto a pretender a una mujer.

Esto lo contaba el viejo Eladio del ingenio Santa Rosa.

Al pozo fue el cubero a sacar agua para los cortadores y del fondo salió una voz

Tú madíngo bá
tumba tumba tumadingo
vengandín pré pré...

El cubero soltó el cubo y se puso a bailar pré pré, a mover su cuerpo sabroso pré pré, y la cuadrilla con sed, esperando. Se quejó:

—Tá Rafaé, Candito no viní.

Fue otro a buscar agua

Tumbandingo bá
Vengandín pré pré...

Fueron todos y era un baile en torno al pozo. El Mayoral, el Contra Mayoral, la dotación completa.

El dueño intervino. Hubo que secar el pozo para que callase... una Jicotea que en el fondo hacía música.

Hay un árbol cuyos frutos sólo los que tienen permiso de su dueño pueden comer.

(De esta historia en África y en Cuba hay más de cinco o seis versiones).

45

Se envía un mensajero a preguntar el nombre del árbol... Como el León es el Rey de los animales el árbol le dice su nombre a sus mensajeros. Opotó. Éstos regresan a informarle, pero caen en un bibijagüero y lo olvidan.

Fue el León, le preguntó al árbol, cayó en el hormiguero y olvidó su nombre.

Jicotea fue, cayó en el hormiguero pero no olvidó.

Molesto el León por el triunfo de Jicotea ordenó que la enterrasen viva.

Los animales se comen los frutos y no le quedan a Opotó más que los de la rama más alta.

Durante la noche Jicotea sale de bajo la tierra, devora las frutas y vuelve a su agujero.

Opotó se molesta y pregunta a los animales por qué comen sus frutos que son frutos prohibidos y los castiga a todos.

Cuando reapareció Jicotea, pudo decir que se había salvado porque estaba enterrado.

Los viejos del Central Soledad sostenían que Las Dueñas libertaron a sus esclavos porque ocurrió allí algo parecido. No era Jicotea quien cantaba y hacía bailar a los que iban a buscar agua, sino la diosa Yemayá. Así nos lo contaron. Al pie de la letra: «Tiempo que cuero tá purao pa to lo negro, chiquito y grande. ¡Ay Dió! Joaquina tá buca agua pozo. Pozo pegá cantá, pegá convesá cuando baja cubo píli píli píli, un gallo teminá, tó tá llamá Joaquina y Joaquina tá bailá lo pozo. Cuero va soná. Cúcha Gallo teminá.

Joaquina no hay dolore. Viene Mayorá.

—¿Qué pasa?

Pozo hundío, tambó no dejá bajá lo pozo,

Boyero tá llá jalá jala y tambó no deja jalá.

Gallo teminá.

—Boyero ¿qué dici vosotro? Como é no sabe, sueta dotación. Yemayá taba ne pozo y pozo cantá. cantá.

Mayorá va levantá cuero pa pegá y é mímo pieza bailá. Yemayá jabla: Lo qué yo jago ningún dí vó pué jaselo».

Y el viejo cortador de caña que me narra esta historia con su habla de bozal que transcribo fielmente, también sitúa este acontecimiento inolvidable en la Colonia Eudosia.

Era horrible, horrible...

Una tribu monstruosa que no se sabía de dónde había venido,

se instaló cerca del pueblo en que vivía Jicotea. Tenían unos dientes que medían cuatro palmos, unas orejas que le caían sobre los hombros, los pelos hirsutos formaban picos en torno al rostro, y lo increíble es que no tenían ojos. De noche, cuando todos en el pueblo dormían, abrían sin ruido las puertas de las casas y se robaban a las mujeres que eran madres y se las comían vivas, y tan rápidamente que las víctimas sorprendidas no tenían tiempo de gritar.

Durante unos días desaparecieron algunas mujeres sin que se supiese por qué motivo y así empezó a notarse la ausencia de un mayor número de habitantes, y entre ellas desapareció nada menos que el Alafé.

Todos se pusieron al acecho y se vio una estrambótica figura que salía de una casa y se dirigía al bosque cercano, y fue así que una vieja al despertar, pudo ver a la luz de la luna, a uno comiéndose a su hija. El monstruo escapá instantáneamente.

Jicotea también se puso en guardia. Pegado a la tierra siguió las huellas de aquellos asesinos y los halló tendidos, dormidos al parecer, porque no se movían, y le fue posible comprobar que no tenían ojos donde todos los tenemos puestos, sino en los calcañales...

Jicotea se propuso acabar con ellos y pidió audiencia al Oba. Le dijo que si los aniquilaba a todos le otorgase en recompensa la mujer que él, Jicotea, el «arrastrao», eligiese.

Aceptó el Rey.

Por la noche de aquel mismo día, Jicotea esperó que aquellos monstruos se internasen en el bosque, y cuando se tendieron a descansar y a digerir, Jicotea les cerró los ojos con fango y tabaco mascado. Su digestión y su sueño eran pesados. No sintieron nada, ni un ligero cosquilleo. Jicotea corrió a avisarle al Obá, que acudió al bosque con todos sus soldados bien armados y a todos dieron muerte sus soldados.

Satisfecho el Rey porque Jicotea no le había mentido, le preguntó:

—Y bien ¿qué mujer has escogido?

—A tu hija, señor.

—¡La mereces! contestó el Rey.

Y Jicotea fue consejero de aquel Rey y luego de su sucesor hasta el fin de sus días, que fueron largos.

No siempre, ya lo sabemos, le acompañó la suerte.

Contaban de un huérfano que pasaba muchos trabajos, que se entrevistó con el Dios del Monte, Osaín.

—Muchacho, le dijo Osaín, la moneda que traes en el bolsillo ponla en el suelo y sin mirar atrás vuelve a tu casa.

Obedeció y halló en ella mucho dinero. Este joven, por rico y humanitario fue la admiración de su pueblo.

Un día Jicotea tocó a su puerta. Le pidió hospitalidad y él se la acordó. Jicotea pretendía averiguar cual era su secreto, lo que tanto le había hecho y le hacía prosperar. Buscó a la Lagartija y al Majá. Le encargó al Gallo que cantase tan pronto viese salir al Huérfano.

Al alba siguió sus pasos con la Lagartija y el Majá. El Huérfano iba al monte a saludar a Osaín.

Osaín se presentó. Descubrió las malas intenciones de la Jicotea, de la Lagartija y del Majá, bendijo a su amado Huérfano, y les dijo:

—Jicotea por curiosa y truchimana andarás siempre con la cabeza debajo de tu jiba. Tú, Majá, siempre te arrastrarás y tú, Lagartija, estarás pegada a los troncos y a las paredes.

Cintura de Jicotea se le llama a los malos bailarines, a los que no tienen «jiribilla», sandunga.

Enteriza, le encantaba bailar, cantar con su voz fañosa, e ir a las fiestas. Y así fue que cuando Pedro Animal dio un toque y se negó a invitarla Jicotea lo amenazó:

—¡Te voy a aguar la fiesta!

Como tiene poder sobre el Agua, secó el río, secó las fuentes, secó los pozos. Durante la noche se coló en casa de Pedro Animal y le agujereó todos los güiros.

El día de la fiesta se metió en su pozo.

Sintieron sed algunos bailarines y fueron a buscar agua. Ésta, en el güiro agujereado sonó kín-kín, inguín kín guín túmboin-túmboin, tumboín, mientras de lo hondo del pozo subía un canto:

Ka ba yá konangoré
kabayá konangoré.

Aquel canto los volvió locos, y todos los invitados de Pedro Animal fueron a bailar al son del pozo, y el mismo Pedro Animal, que se quedó solo llevó un güiro y dijo: ¡esta música sí que está buena! pero cuando empezó a bailar Jicotea salió del pozo y le dijo:

—Aquí en mi fiesta no puedes bailar. ¡No estás invitado!

48

Se nos quedan en el tintero más historias de Jicotea pero con las narradas basta y sobra para que el lector la conozca.

Olorichas y Aborichas del exilio, consíganse una jicotea para sacrificarla a Changó, antes untarán su cuerpo con manteca de corojo (epó). Cuatro personas responsables, hombres o mujeres, cada una de ellas sujetará una pata de Jicotea, que en estos momentos, al ser sentenciada se llama AYAKUA TIROKO, y se la presentarán al Oricha, su Santo Patrón, que nos libre de tantos males que nos amenazan.

Se comienza por ofrecer la pata derecha delantera, después la trasera; y en el mismo orden las izquierdas.

La cabeza, como se ha dicho, no se corta: se le pellizca el trasero para que la saque y se tira de ella hasta separarla del cuerpo. Se canta en lucumí un rezo en el que se alaba a Changó y cuya traducción es más o menos: «Te hemos dado de todo. Eres guapo, fuerte, valiente. Danos salud».

No se olvide que la sangre de Jicotea, es de todas, la de mayor fuerza vital.

En fin, muchos viejos Babalorichas opinaban que Jicotea es de jerarquía más alta que el Carnero.

Tankewo no dudaba en considerarla sagrada.

—«El más inteligente de los animales, por lo que nos han contado», opinaba Calazán «el Moro».

49

AURA TIÑOSA

Así la recordamos y así la describe el viejo autor cubano ya citado:

«Ave carnívora comunísima, toda negra lustrosa con aguas verdes, cabeza desnuda, roja, arrugada, que le ha dado el adjetivo de Tiñosa en la parte occidental. Pies rosados y la puntilla del pie corva. No tiene voz. Aquí esta ave asquerosa no es tan grande como dice en la obra del señor La Sagra; sus brazos o sea de punta a punta de sus alas abiertas tendrán lo más cuatro pies; el volumen de su cuerpo vendrá a ser el de una gallina; pero de figura más torneada y columbiforme; se eleva a una altura prodigiosa hasta adonde apenas alcanza la vista como un punto negro casi sin movimiento; menos remontada parece que no agita sus alas y se mece o gira en arcos pausadamente, bajando luego al paraje en que su olfato y vista perspicazmente han descubierto algún animal muerto o inmundicia, sobre el cual se arroja con sus compañeras que la siguen inmediatamente para destrozarle y comerlo ansiosas y vorazmente hasta no dejar más que los huesos; con lo que hacen un bien sin embargo de ser tan despreciadas, de tal manera se engolfan en un banquete que no se alejan aunque vean acercarse alguno sino se aproxima mucho o se les tira, entonces apenas corren por el suelo o dan un vuelo a posarse en un árbol juntas, formando lo que se llama *Aurero*, que donde quiera es señal de animal muerto; aunque también se reúnen en los aires a gran altura dando vueltas y revueltas como atolondradas cuando amenaza lluvia o tronada; retiranse al campo a dormir juntas sobre algún árbol; madrugan y al salir el sol posadas en las ramas, cercas o tejas de las casas, abren sus alas para secarlas. De su propensión a vomitar ha tomado origen la frase *vomitar como aura.*

El Pitirre tiene el arrojo de atacarla en su vuelo».[1]

1. Pichardo (1875), p. 26.

50

Dicen que los pichones, al vernos vomitan de asco. Mas no es al único animal que inspiramos repugnancia. En cambio, muertos, descompuestos, no les provocaríamos náuseas a las Auras.

Por su vuelo inconmensurable, su vista y su olfato prodigiosos y sobre todo por su afición a la carroña, «porque no come más que cadáveres» a este repulsivo pajarraco, se le ha acordado un primer lugar entre los animales sagrados.

—Los Arará, que la llaman Nana Kuaba dicen que su grito ¡Kuá! significa podrido. Son parientes de los cuervos cuyo graznido anuncia muerte, y como ellas «socios de los muertos», dotados de poderes misteriosos. Observan también el mismo régimen alimenticio.

Lo primero que de un cadáver saborea el Aura, son los ojos.

Se les considera «Mensajeros», instrumentos de Orichas y de espíritus por lo que cuando se les sacrifica a los Orichas, a ellas se les ofrendan en el tejado las vísceras y las tripas de las víctimas.

Es tradicional rendirle ese tributo en todas las ceremonias: ha de comer a la vez que Orichas y Fumbis (espíritus), porque en Cuba todos «lo mismo los lucumí que los congos la veneraban». Ella le llevaba el alimento a Ochún en una etapa de la vida de esta diosa del amor, cuando Ochún que en este avatar se llama Ochún Kolé Kolé, era hechicera y no se separaba de la Tiñosa.

Ochún Kolé Kolé se representa en un güiro que se cuelga del techo, adornado con cinco plumas de Aura.

Esta Ochún Kolé Kolé limpia, «despoja», purifica, con las plumas de su ave.

Es indiscutible que el Aura Tiñosa es la mejor aliada del brujo, ya sea en el campo de la magia blanca o en el de la negra «cristiana», como la llaman a la primera, «judía» a la segunda. Ni que los mejores amuletos y talismanes son los que se hacen con ellas. Con sus huevos, tan inapreciables como difíciles de obtener. No cuentan con protección más eficaz delincuentes, jugadores, hombres de negocio, ladrones, políticos, que la de un «resguardo» que se construye con una piedrecita y ciertos palillos robados a su nido y bautizados con agua bendita de la iglesia.

Estos, combinados con las Oraciones del Justo Juez, la Cruz de Caravaca, algodón de los Santos Óleos componen el *resguardo* Saca Empeño, muy difícil de hacer y muy costoso. Son harto sabidas las propiedades mágicas de esos huevos que pagan muy caros los clientes del *Nganga* o del *Agugú*. «El Aura sólo pone dos. Uno de esos huevos se quita del nido, se salcocha, después se le restituye y se observará lo siguiente: ese huevo está fresco como si no se hubiese hervido, pero cuando llega la hora en que el pichón debe romper el cascarón, no sale del huevo. Continúese

51

observando pacientemente y todos los días encontrará en el nido un objeto distinto. Al fin hallará junto al huevo cocinado tres palitos y la piedrezuela en la que está el poder que busca el brujo. Gracias a estas tres cosas verá el observador nacer milagrosamente al pichón del Aura vuelto por ellos a la vida. ¡Pero cuántos trabajos, cuánta paciencia para obtener la piedra y los palitos! y ante todo dar con el nido de la Tiñosa lo que tampoco es nada fácil!» En el sitio que pone sus huevos el Aura se asegura que no llueve.

Los congos le llamaban al Aura Mayímbe —Mayímbe Nsusu—, y sus descendientes o afiliados a las llamadas Reglas de Congos, Mayombe Palo Monte, son los que más la veneran y utilizan. Así nos explica el Ngangulero, como poco más o menos se construye una *Prenda* de Mayímbe:

—«Hay que pedírsela a la Tiñosa, y ella nos la da. Pedírsela en el nido, cogerle un huevo, salcocharlo y dejárselo allí. Fijarle un plazo para que traiga la *Prenda* y ella a su debido tiempo trae una piedrecita de río o de mar y un pedacito de palo. Cuando se va a recoger la *Prenda* es preciso saber dominarse y no mirar hacia atrás. La hora indicada: las doce del día o de la noche. Si se vuelve la cabeza se ve al Diablo.

Las *Prendas* de Mayombe son excesivamente celosas; son muy buenas pero exigentes; insatisfechas se llevan de esta vida al dueño.»

En los Nso-Ngangas —templos de la Regla de Congo— se «da vista», es decir se hace clarividente al iniciado, del siguiente modo: durante dieciséis días se entierra en un cementerio una botella que contiene «la virtud del ojo del Aura». Pasado este tiempo lleva la botella a su casa y la cuelga en el patio para que se impregne de sol y de sereno.

Luego se sienta al «ahijado» ante la Nganga, éste abre en grande los ojos y el Padrino se los baña tres veces con el agua de los ojos de Mayímbe.

Con la misma agua, el oficiante limpia su espejo mágico y se lo presenta al ahijado.

En vez de ver en él su propia imagen verá cosas del más allá, si se aturde, si la vista con que se le ha dotado es demasiado fuerte, se le lavan inmediatamente los ojos con agua bendita. Entonces sólo verá cuando el Espíritu se posesione de él. También para dar vista, nos facilita XX esta fórmula: un huevo de una Gallina se introduce en una jícara con vino seco y agua que contiene legaña de ojo de Aura, de Perro y espíritu de muerto, y que ha estado veintiún días enterrada (en una botella) en el cementerio.

—«Tá Fónso», nos contó un viejo cogió una Tiñosa viva pagándole un derecho de un medio y con el agua de sus ojos nos lavaron los ojos a todos los *rayados*, iniciados y luego con agua de Gallo. Cuando me los lavaron vi cosas rarísimas y entonces me pusieron agua bendita, me sacramentaron la vista y vi hasta donde el Diablo dio las tres voces. Mi madre no quiso que yo viese tanto y me pasaron la vista al Espíritu. Tá Fónso daba vista con agua de ojo de Mayímbe, de Flor de agua, de Perro recién nacido, de Gallo y Lechuza.»

Para propiciarse a Mayímbe, este «pájaro sagrado» que llega al cielo, para que nos proteja se hará lo siguiente: se le ata un cuartillo de plata en una pata y se rocía de agua bendita, se le da a comer un trozo de carne, se reza un Credo y un Ave María (advierta el lector el sincretismo no sólo de esta práctica sino de tantas otras. Los rezos católicos alternan con los que recitan en yoruba o en bantú.) «Esto se hace para que donde quiera que se pose el Aura se acuerde de uno y se diga, yo comí carne de la mano de fulano». Con la colaboración de Mayímbe los Mayomberos satisfacen las malas pasiones de los que recurren a ellos poseídos por el odio o por deseos de venganza, y también socorre a los menesterosos o faltos de suerte.

Con excremento de Aura se desfigura mejor que con vitriolo el rostro de una mujer: con ceniza de tabaco y polvo de Palo Ramón que se le riega en el lecho, en la almohada, textualmente «le desbarata la cara». Aparte una pluma de Aura reducida a ceniza y con pimienta que se unta en la frente, evitará que el perseguido por la justicia o un fugitivo caiga en manos de ésta.

Dos plumas atadas y con un papel en el que se ha escrito el nombre de la persona objeto de este maleficio, se llevan al campo y se cuelgan de una rama. El viento las agitará y esa persona andará sin rumbo, desorientada, de un lado a otro.

Esas plumas es necesario hallarlas mostrando la parte inferior «para que Mayímbe piense en seguir volando, pues boca arriba no puede volar». En el «*Masango*», en el nudo que las une se pone en un pequeño saco, diecisiete o veintiún granos de pimienta, azogue, almagre, y polvo de canilla y de cráneo de muerto. «Así la cabeza se vuelve loca y los pies no quieren más que caminar.»

Si el Aura evacúa y el excremento cae sobre la cabeza de alguien, sufrirá de una tiña incurable. Jamás volverá a salirle el pelo.

Se nos ha asegurado que «cuando un Gallo pisa a una Tiñosa, anuncia que por las cercanías se está cometiendo un incesto».

Los Mayomberos con Ngangas de Mayímbe nos confían que su espíritu al posesionarse de ellos, les imprime al andar una velocidad vertiginosa. Les convierte los brazos en alas, aligera sus cuerpos al canto de:

«*Saura volando, saura volando
tafún... tafún.*»

—«Cuando a las ocho de la noche se cerraba el barracón, el brujo salía a hacer de las suyas a muchas leguas distante del ingenio y volvía antes del amanecer.»

Para insistir sobre el concepto de la santidad del Aura Tiñosa repetiremos lo que nos narraron tantos viejos inolvidables.

Peleaban el Cielo y la Tierra.

Al principio del mundo no había cementerios.

Al principio del mundo Olofi tenía la costumbre de comerse a los recién nacidos y a los niños. Esa era su comida. Las mujeres, las Omodé, se reunieron a cambiar impresiones. Las madres se decían unas a otras:

—Mi hijo fue a casa de Olofi y no me lo ha devuelto.

—Olofi se llevó a pasear a mi niño...

Y así se quejaban del proceder de Olofi que se ocultaba para comerlos.

Las madres resolvieron marcharse lejos.

—Si doy a luz, dijo una, esconderé a mi niño.

Todas de acuerdo, Olofi sufrió de hambre y le preguntó a Eleguá.

—Dime, ¿las mujeres del pueblo ya no paren? ¿Es que no se engendra? ¿Qué pasa?

—No lo sé.

—¡Tengo hambre!

La madre de Eleguá tenía otro hijo, y él le contó lo que Olofi le había preguntado y además que Olofi proyectaba invitar a las mujeres y a sus hijos a una gran fiesta para que cuando estuviesen entretenidas cantando o bailando comérselos a todos.

—«Mamá, no diga nada», le pidió Eleguá. Pero la madre de Eleguá se lo contó a otra madre, que se lo contó a otra y todas las mujeres que tenían niños se internaron en el bosque.

Olofi anunció su fiesta y no fue ninguna. Sospechó que ellas sabían que él se comía a sus pequeños.

—Pues las castigaré a todas, se prometió Olofi. Voy a mandar a Oyá que empiece a echar centellas para asustarlas.

Habló con Eleguá y otra vez Eleguá le repitió a su madre lo que Olofi pensaba hacer. A poco comenzó la tormenta. Oyá lanza-

54

ba piedras pero las madres quemaron güano bendito, y mientras arriba se oía Ñára-Ñára y relampagueaba, decían las madres:

—¡Jesús mil veces!

Viendo Olofi que a las mujeres no les atemorizó la tempestad mandó entonces a la Enfermedad que hizo muchas víctimas.

La Tiñosa, que era amiga de Olofi, le dijo entonces:

—Olofi con tal que haya muchos muertos...

Olofi le interrumpió:

—Ya, ya los estoy oliendo.

—Pues eso que tú hueles, es lo que yo estoy comiendo.

—Tú sí, pero yo no como muerto. Y tantos hizo la Enfermedad y tan penetrante fue el mal olor que Él no podía soportar, que mandó que se enterrasen los cadáveres.

Sintió envidia de la Tiñosa que se alimentaba tan bien, y él, hambriento, no podía probar bocado y haciendo el cementerio se vengó de la Tiñosa.

Al principio del mundo, la gente no moría. Es cierto que Olofi se comía a los niños, mas no morían de enfermedad.

Tiñosa al contemplar el cementerio comprendió que la envidia había movido a Olofi a idearlo, y le dijo:

—A mí la peste no me hace daño, a usted sí...

—Porque yo no tengo tu estómago para comer carnes podridas. Yo me comía a los niños frescos y tú te comías su excremento.

—Pues aunque me haya castigado con su cementerio, Tiñosa nunca comerá yerba.

Hace muchos muchos años los niños en Cuba les cantaban:

Ea ea que gallina tan fea
Como se sube al palo
como se bambolea

Y cuando las veían agrupadas en algún escampado:

Aura Tiñosa ponte en cruz
mira a las otras como tú.

Dios le dijo a la Tierra desde el Cielo: soy más viejo y más fuerte que tú. Yo te hice. La Tierra, soberbia, pretende que ella es más vieja y que gracias a ella pisan en firme las criaturas. Para convencerla, Olofi hacía seis meses que no dejaba llover. Todo se secó. Faltó el agua y la comida.

55

Los hombres consultaron a Ifá, que ordenó una rogación muy grande para que la llevaran al Cielo pidiendo perdón.

Le dijeron al Cielo: todas las palomas, las gallinas y los gallos, los chivos y carneros han muerto, los hombres y las mujeres están muriendo. Pero todos los pájaros que se enviaron al Cielo con la rogación, cayeron extenuados. Por ligero mandaron al Tomeguín, que subió, subió y no llegó al Cielo.

Dijo Ifá que sería el Aura Tiñosa la única ave que llegaría al Cielo.

—Sí, dijo la Tiñosa, me ven tan fea, pues soy yo quien hablará con Dios allá arriba. Salió volando, llegó al Cielo, tocó, San Pedro abrió la puerta, y la Tiñosa se arrojó a los pies de Dios.

¡Dios, la Tierra me envía a pedirte perdón!

Dios perdonó. La lluvia volvió a fecundar los campos secos.

De vuelta a la Tierra el Aura estuvo a punto de ahogarse. «Por eso es Santa la Tiñosa, por eso los Santeros la adoran y tienen obligación de darle de comer.»

El Cielo peleaba con el Mar. Cada vez que Olofi mandaba algo a la Tierra, Olokun, el mar, se lo apropiaba.

Se creía superior al Cielo.

—¡Yo reino aquí abajo! le dijo Olokun.

—¡Y yo arriba y abajo! le contestó el Cielo. En un alarde de poder el Mar inundó la Tierra, y ésta a punto estuvo de ahogarse. Temblando de miedo envió muchos pájaros de emisarios al Cielo pidiendo que la salvase.

Como en la versión anterior los pájaros se perdían, ninguno llegaba al cielo, y en medio de esta calamidad se presentó la Tiñosa despreciada de todos, y dijo:

—Yo iré a ver a Olofi en las alturas.

Voló, planeó, el viento la llevó a presencia de Olofi que aceptó la ofrenda y amansó al mar. Olofi le dijo:

—Desde hoy, para todo el mundo a veces faltará la comida menos para ti, porque resolviste el litigio de la Tierra y de Olokun. «Mientras Dios esté en el Cielo el Aura no comerá yerba verde». Y Olofi le bendijo la cabeza por lo que es calva.

La Tiñosa estaba pelando a todos los animales para dejarles el cogote igual al suyo. Fue el Gavilán a que lo afeitase y ella le dijo: *Unfari migba agbo dide ONI abé OMÚN...*

Lo que quiere decir en lucumí: ya mi navaja no corta y a ti no te pelo.

—Es que también se dice que por hacer un favor, el Aura es calva. El Perro que era su amigo se quedó sin comer; tuvo lástima de él y le dijo:

—Amigo, le voy a dar una señal para que no se pase hambre. Donde usted me vea volar dando vueltas vaya allí que hay comida.

El Perro donde veía a las Tiñosas volando en círculo iba, hallaba un animal muerto y comía con ellas.

Durante un tiempo todo marchaba bien. El Perro participaba de los banquetes del Aura, pero un buen día llegó ladrando, amenazándolas con morderlas y espantándolas.

El mal agradecido, eso es lo que hace ahora; y la Tiñosa donde hay perros pasa trabajo para comer.

—«Esas son historias, pero lo cierto es que el Aura le hizo una promesa a la Caridad del Cobre. No le cumplió, la Virgen la castigó volviéndola negra y calva».

Puede decirse que actualmente en la Cuba de los rusos la sanidad está a cargo de las Auras Tiñosas.

ABEJAS

Le pertenecen a Oricha Oko, el dios de las labranzas, dueño del ñame, representado antaño por un hierro, una teja y un pito. Decían los viejos lucumí que *Oricha Oko Epon tobí tobí*, que el dios tenía enormes testículos. Quizá por eso en un tiempo, el de la colonia, su culto era privativo y hereditario de mujeres ya ancianas, pues éstas debían abstenerse de toda relación sexual.

La picada de las abejas es medicinal.

Si alguna relación existe entre los yoruba y los antiguos egipcios, puede decirse que las abejas, mensajeras de Orichaoko, nacieron de las lágrimas de Ra.

ALACRÁN

En Cuba aunque no es mortal su lancetazo, duele, adormece la lengua unos minutos y puede producir fiebre.

El Alacrán jamás pica a un *ibeyi* —un mellizo.

Si se ve que uno se dispone a avanzar para atacarnos se le grita ¡San Jorge, San Jorge! y se paraliza.

El Alacrán es un instrumento precioso que utiliza el brujo para sus maleficios. Ciñéndose un pañuelo negro a la cabeza lo amarra con un hilo negro o rojo vivo, le atraviesa con un alfiler las tenazas y mientras agoniza colgado del hilo, se llama, se maldice a la persona odiada, víctima de este embrujo. Un colmillo de hombre, un poco de grama que ya esté seca se juntan con el Alacrán. Éste, muerto y atormentado, irá en espíritu a atacar en sueños al sujeto responsable de sus sufrimientos.

Leemos en Goodman, un inglés que en el siglo pasado fue invitado a un cafetal en Santiago de Cuba. Le temía a las sabandijas y tuvo la oportunidad de verlas y de preguntar en su misma habitación: «¿Qué es esa dulce criatura que viene hacia mí arrastrándose cautelosamente por el piso de ladrillos, semejante a una estrella de mar de cuerpo redondo?»

—Eso no é ná, le dice el camarero negro. Mimito yo se la mato. Y con el talón desnudo le dio muerte.

Era una araña peluda que toma a los ojos del inglés proporciones gigantescas.

«Pasemos por alto las cucarachas, pues reconozco en ellas a viejas amigas cuyo mayor delito es dejar un olor insoportable en todo lo que tocan, al grillo verde que salta por el cuarto y que es una cigarra que dejará de hacer cabriolas tan pronto se apague la luz, pero ¡por Santiago, o por el Santo que sea! quisiera que aplasten este otro bicho de larga cola, de cuerpo que se ramifica en todo tipo de extremidades horribles, las más notables un par de garras semejantes a las pinzas de un joyero.

»Quisiera que aplastara, machacara, exterminara a... ¡Dios!

¿Dices que es tan sólo un alacrán?» Y el inglés bendice a los mosquiteros que lo protegen de los alacranes que suelen caer del techo.

Esta pintura no parecerá exagerada a los que en nuestro siglo, han pernoctado en los pobres albergues de pueblo de la Isla.

ÁGUILA

El Águila, como la serpiente, ya aparece igualmente importante en las culturas de los tiempos más remotos.

Ahí está en la mitología de los babilonios, de los asirios, de los hititas. En India, en Persia, en Grecia y Roma...

Aunque no existe en Cuba, nunca voló sus cielos majestuosa, se habla de ella. «Es el Rey de los Pájaros, y se come a las culebras.»

Tan temida era el Águila, que se conspiraba contra ella y a sus oídos llegaron rumores sobre una terrible conjura que la amenazaba. El Águila fue a consultar al Adivino, a Ifá, que le aconsejó hacer Ebó: que ofreciese un sacrificio a los Orichas. Mas no hizo caso. Confiaba en que el miedo que inspiraba la hacía invulnerable.

Poco después todos los pájaros visitaron a Ifá.

Se negaba el Adivino a practicar el Ebó, la rogativa que le pedían los pájaros cuando apareció Echu, el Dios de los Caminos e intercedió por ellos.

Unidos todos los pájaros vieron venir al Águila soberana.

Por consejo de Ifá habían acumulado en la sabana gran cantidad de arena y de algodón, y por un conjuro de Ifá sopló un viento fuerte y al instante se le llenaron al Águila los ojos de arena y de algodón y ciega cayó al suelo. Todos los pájaros se abalanzaron sobre ella, la desplumaron y vencieron.

¿Podríamos conjeturar que después de aquella experiencia humillante el Águila desapareció de Cuba?

ANGUILA

Posee grandes virtudes mágicas. Los brujos curanderos de filiación bantú la llaman *Ngosulru* y curan con ellas muchos males.

ARAÑA

Todas son muy laboriosas, y se distinguen por el buen gusto de sus tejidos.

Un gran conocedor de los misterios de la Naturaleza sostiene que la Araña Peluda es madre de la Zarza. «Se la atraviesa con una espina de zarza, se entierra y nacerá una zarza.»

De la Araña se cuenta lo que le ocurrió con el gusano: éste reunió en su casa un gran número de invitados entre los que se hallaba la Araña. De pronto la mujer del Gusano declaró que no había manteca para cocinarle a sus invitados, y sin inmutarse, Gusano le ordena que pusiese su caldero a la candela.

Espectacularmente, Gusano se mete dentro. Al calor empieza a soltar manteca y la mujer del Gusano a cocinar.

Los invitados están al aire libre. La Gusana advierte que va a llover.

—No va a llové, *Agú Madará*, dice el Gusano. Y aguanta a las nubes y no cae la lluvia.

La Araña mira, mira con todos sus pares de ojos. Ella no tiene poder para hacer lo que hace el Gusano.

Pasado un tiempo Araña invita al Gusano a una fiesta. Era la estación de las lluvias. Mandó montar su caldero sobre la candela imitando al Gusano; y se metió dentro... Se chamuscó, se quedó sin pelos en el pecho y en la barriga y cuando dijo:

—*Agá má da*, no vá a llover, ¡diluvió!

Se aconseja no matar a las arañas pues le pertenecen a Obatalá.

ARENCÓN

Lo más importante que puede decirse del Arencón es que sus huevas hacen fecundas a las mujeres estériles.

Tostadas, para obras de magia, le sirven lo mismo al aboricha, (el devoto de las divinidades lucumí), que al Abakuá (el ñáñigo). El primero lo llama eyá —pescado—, el Lenguado Eretoyín. Sin eyá no se puede «hacer Santo», consagrar en la regla o religión lucumí.

El Arenque pulverizado se incluye en todos los *afoché* y el iniciado («asentado»), ingiere un pedacito todos los días que permanece en el templo, con tres sorbos de *Omiero* (brebaje compuesto con dieciséis yerbas o más). En las rogaciones que hacen a Yemayá se le ofrece Eyá que por derecho le pertenece.

AVISPAS

Tanto le gustaba figurinear y bailar que se apretó demasiado la cintura y le bajó el vientre.

Se dice que nacen de un árbol. Si una avispa se siembra produce la llana.

Los Nganguleros o Mayomberos las atrapan con un paño mojado y las tienen en sus cazuelas mágicas (Ngangas) para que piquen, empleándolas como al alacrán y a otras sabandijas, en obras maléficas.

Los brujos de Regla Mayombe la llaman *Pingüisambi*.

«La avispa no tiene miel en su casa por presuntuosa.»

BABOSA

Le pertenecen a Obatalá, que las come. Así es que cuando el Oloricha o el Balalawo ordenan una «rogación de Cabeza», es decir, una ofrenda al principio divino, Eledá («lo Santo que se tiene en la cabeza»), en ella se ponen babosas.

La babosa le bebía el *otí* (aguardiente) a Obatalá, que se enojó tanto, que de miedo la babosa comenzó a babear y se internó en el bosque. Donde quiera que va deja el rastro de su baba.

Para apoderarse de ella, los Babalawos prepararon una trampa. Pero ellas invocaron a los Cuatro Puntos Cardinales y se salvaron.

(Irete oroso tete mo yé ra).

BASILISCO

Se dice «se puso hecho un basilisco». No hemos oído nunca a los negros en Cuba ni a la gente blanca del pueblo hablar del Basilisco. Se le desconoce.

Es una serpiente pequeña con una especie de corona en la cabeza que destruye con los ojos o el aliento. Sin embargo tiembla de horror a la vista de un gallo.

Por eso los que viajaban por África (Gronovius 1768), llevaban un gallo por temor al Basilisco.

Nace de un huevo de gallo y un Sapo los incuba... Santa Hildegarda, benedictina alemana, escribió sobre el Basilisco. El huevo puede ser de gallina o de serpiente y el Sapo la incubadora. Cuando nace el Basilisco va a un pantano, allí crece hasta alcanzar su tamaño que es bien pequeño: un pie de largo.

Un gallo con cola de serpiente, si acaso ve uno el lector, es también un Basilisco.

En Europa durante siglos se creyó en su existencia; el sabio Paracelso lo hace responsable de una epidemia; no se dudaba que nacía del huevo que pone un gallo viejo y que incuba un sapo.

Sus ojos son negros y brillantes, su plumaje amarillo y negro. No sólo infunde terror a los hombres, sino a los animales, las serpientes le huyen. Saben que su aliento infecta el aire, que destruye rocas, marchita, seca árboles y plantas, que aniquila cuanto toca. Las tierras desiertas o solitarias son las más peligrosas, porque en ellas habitan Basiliscos, y encontrarse con uno equivale a una muerte segura.

Del Basilisco no hemos podido recoger ninguna información en Cuba. Los españoles lo dejaron al otro lado del mar.

Si los hubiésemos tenido en Cuba, los que viven en el agua, de preferencia en los pozos podían aniquilarse como cuenta Sebillot, colocando un espejo sobre el pozo.

A quien interese el Basilisco, le recomendamos la lectura de Collin de Plancy.

BIBIJAGUAS

Muy buenas para la Nganga —y el Ngangulero o brujo— porque trabajan en la oscuridad. Se utilizan para destruir, y también para llevar a las casas la comida.

Estimadísimas por su inteligencia y laboriosidad ejemplar, pues no reposan nunca.

Cuando un Taita Nganga (brujo), presintiendo su muerte o por otro motivo desea anular las fuerzas contenidas en su cazuela mágica, la entierra en un bibijagüero. Las bibijaguas están relacionadas con potencias subterráneas y le revelan a los nganguleros muchos misterios. La tierra del bibijagüero está saturada de sus virtudes.

Aunque una seca se prolongue por más de seis meses no les falta agua. Hacen provisiones de yerba, cubren la casa y venga agua o fuego, nada les hace daño.

Para construir su cazuela mágica con una de Madre Agua, lo primero que necesita el brujo es una Reina de Bibijaguas y una Reina de Comejenes, pues ambas trabajan juntas... para bien y para mal.

Para la composición de esta Prenda, si alguien la necesita tome nota...

—«Reina Bibijagua, Reina Comején, siete Avispas, tres Caballitos del Diablo —estos son mensajeros—, Corazón de Guinea, por lo buena vigilante que es la Guinea, y para cubrir la cazuela, plumas de tiñosa. Si a esta Prenda se le quiere dar camino de judía» —utilizarla para causar daños— «añadir siete tierras de cementerio. Si la quiere cristiana, (para hacer bien) tierra de la plaza y de tres iglesias. La que va a ser judía, mala, se entierra con un paño negro, si cristiana, buena, con paño blanco. Se fijan tres fechas para mantenerlas bajo tierra: 7-14-21 días. Si la Prenda perteneciera a una mujer se llamará Mamá Cholá; la del hombre Batalla. A la Prenda de la mujer se le sacrificará chiva y gallina amarilla, a la de hombre: chivo y gallo.»

Entre los muchos bichos que constituyen una Nganga o talismán no se puede silenciar a «un bichito que abre agujeros en la pared, que es de gran valor y que conocemos los mayomberos por KIMBÓNGUILA, así como otro de color dorado llamado KIN- SENGUERE».

BUEY

Los bueyes asistieron al nacimiento de Nuestro Señor. Por eso no se pueden o no deben obligárseles a trabajar en Viernes Santo. Así se hundió un ingenio donde los hicieron trabajar.

La baba que arroja a veces al mediodía, esconde un gran secreto. Con ésta muchos viejos preparan un Fundamento (la base recipiente, piedra u objeto en que se aloja una divinidad).

Cuando el buey suelta esa baba va a refrescarse a la sombra de un árbol. Contiene esa saliva tanto «aché» (virtud, poder) que explica por qué motivo no se utiliza para el tambor el cuero de este animal. Sería un sacrilegio.

El santero emplea esa baba cargada de virtudes, para lograr algún difícil empeño.

No debe quemarse el cuerno del buey en las casas de quienes rinden culto a Naná Bulukú, que utiliza como vehículo al Majá. El humo del cuerno de buey auyenta al Majá.

También los animales, como los hombres, hacen Ebó, y en cierta ocasión el Buey y el Perro lo practicaron juntos. Cuando salieron del «ilere», de la casa del Babaocha, el Buey llevaba la ofrenda, el Ebó, en la boca para depositarla en el monte y le dijo al Perro:

—Me voy a poner el ebó entre los cuernos para poder conversar. Y hablando llegaron al monte. El buey para desprender el ebó, que estaba pegajoso y se había adherido a la testuz dio con ella contra el tronco de un árbol; no consiguió despegarlo e insistió embistiendo con fuerza. Un hombre se hallaba por allí y observó que los cuernos del buey estaban dotados de una notable fortaleza. Lo amarró sin más ni más y desde entonces lo empleó en arar las tierras y arrastrar la carreta. El Perro quedó libre para andar debajo de la carreta.

Se cuenta en Trinidad, la poética ciudad de la provincia de las

Villas, que secundando al Padre Valencia en la construcción del convento de San Francisco, cargaron con tantas piedras a las carretas que los bueyes no podían andar. El santo hombre les suplicó:

—Anden bueyecitos, en el nombre de San Francisco.

Los bueyes le obedecieron.

BURRO

Si el Domingo de Ramos se vierte sangre de burro en la cabeza de un loco, se le cura...

Es de insigne prosapia, aunque se rían tanto de él y sirva para calificar a estúpidos, necios e ignorantes.

—«Un asno se llevó a la mujer de Moisés y a su hija a Egipto. La madre de este asno era la Burra de Balaam y fue creada el Séptimo día de la Creación.

Esto me lo enseñaron en la escuelita.»

CABALLO

Sus orígenes son españoles. Como el Perro, a través de la historia, ha sido el mejor amigo y allegado al hombre. Sin embargo, dicen que al Diablo le place materializarse en caballos negros.

Una crín de caballo ejerce acción de dominio sobre la mujer que un hombre ha seducido por medios mágicos. La crín debe ensartarse en una aguja con hilo negro y coserse por sorpresa en el traje de la mujer. La aguja se guarda.

Los caballos son agoreros. Anuncian una desgracia si se detienen frente a la casa en que ésta va a ocurrir y relinchan tres veces. Tienen mediunidad. Ven a los muertos, que en ellos cabalgan con frecuencia.

No había mejor protección que una herradura de caballo colgada detrás de la puerta de la casa.

El hierro de que están hechas, es de por sí, un «resguardo» contra brujos y malos espíritus.

Era indicio de buena suerte encontrarse una en la calle, cuando transitaban por ellas jinetes y coches.

CABALLITO DEL DIABLO

Son mensajeros que emplea el brujo para enviar sus hechizos. Se alimentan de moscas y mosquitos y efectivamente son hijos del Diablo.

Enloquecen. Para hacerle perder el juicio a una persona se dan a beber molidos y mezclados con polvos de los palos «fuertes» que contiene la Nganga.

CAIMÁN

Dicen que no ataca si se tiene en mano una pequeña soga de majagua. Nace como la Jicotea cuando truena porque Changó rompe sus huevos.

Se cree que es hijo de Changó.

El colmillo de caimán es un gran talismán, pero el que lo lleva no puede acercarse al río o al mar porque perdería la virtud.

Pertenecen los caimanes a Yemayá y a Ochún. Son mensajeros de Olokun.

Las almas de los muertos penetran en los caimanes y cocodrilos. Merecen el mayor respeto. Cuando el caimán o el cocodrilo se va a comer a un hombre llora por él. Antes o después llora la muerte de su víctima. Tienen una cruz valiosísima para talismán y amuleto, en la cabeza.

—«En una época el caimán llegó al río, y desde allí salía a matar rebaños de animales. De miedo, nadie se atrevía a matarlos. El Rey necesitaba resolver aquella situación insostenible y citó a Junta. Llegó la Zorra, habló: —Soy chico, pero sé mucho. No permita que se fortalezca el enemigo. Redúzcalo rompiéndole todos los huevos. Y así lo hizo.»

El que mata un caimán se vuelve caimán.

71

CALAMAR

Calamar calamar
Sal del mar
¿Ya saliste?
Vuelve a entrar...
¿No es verdad calamar
que el Toro embiste?

CAMALEÓN

Tiene grandes poderes ocultos. Él fue quien les dio el fuego a los hombres; fuego que trajo del Sol.

El Camaleón —Awema— camina despacio recordando algo que ocurrió hace mucho tiempo y que no pudo remediar.

«Era pescador y pescó un hombre y una mujer pequeñitos. Se los mostró a Mulongo y éste le dijo que los pusiese en el suelo, que crecerían. Así fue. El hombre mató a los animales que lo miraban, prendió fuego a la manigua, huyeron los animales, y Mulongo, el Creador, agraviado, se fue a vivir al Cielo.»

Fue el primer animal que bajó a la tierra aún húmeda cuando Olodumare [1] hizo el mundo. Es «Secretario» o mensajero de Obatalá, que no le permite a sus hijos que lo persigan ni que maten lagartijas.

El Camaleón sólo tenía un color, y carecía de pañuelo.

En una historia nos presentan al Camaleón envidioso y odiando al Perro porque lo veía con colores diferentes al suyo y luciendo collar.

—Eres más lindo que yo, le dijo con amargura.

Fue a consultar a Orula en busca de algo que lo hiciese superior al Perro y que a éste lo dañara.

—No envidies ni le desees mal a nadie, le aconsejó Orula (Ifá). El mal que se desea a otros, como la maldición, recae en el maldiciente.

Le hizo *ebó*, y lo despidió.

—Vaya, ya estás como querías. Cuando el Camaleón llegó al bosque trepó a un árbol, e inmediatamente cambió de color.

1. Versión Lucumí.

Llamó al Perro y le dijo:

—«Mire Compadre»; y saltaba y cambiaba de color. Plácidamente lo contemplaba el Perro, y en su fuero interno el Camaleón no se sentía satisfecho... Volvió a casa del Adivino para que éste le facilitara el modo de dominar al Perro sólo con la mirada. Y Orula le explicó que era muy malo lo que pretendía. Insistió tanto el Camaleón que Orula le dio unos polvos. Primero debía ir a su casa sin mirar a nadie y mientras tanto no haría uso de esos polvos. Llegó a su casa, tocó en la puerta, le abrieron y vio caer muerta a su madre que le había abierto.

Por esto, desde entonces en castigo, al Camaleón le tiran piedras.

El Camaleón atrae el rayo. Changó le lanza piedras para matarlo pero nunca lo alcanza.

Siempre, a las doce del día desciende del árbol para hacer una cruz con la boca en la tierra y vuelve a subir enseguida.

El que se coge en el arbusto Huevo de Gallo —o en cualquier árbol—, se diseca, y en polvos sirve para fabricar hechizos y maleficios mortales.

—«Se le corta con una tijera el pañuelo, se deja secar bien, se hace polvo y se disuelve en Agua de Florida. Se mezcla con tres esencias de las más caras y finas. Se añadirá otro poco de polvo de quina para que actúe con Ochún y se agita.»

Esta última bárbara receta es para extraer una aguja que se haya introducido en el cuerpo: se abre a todo lo largo un Camaleón y se coloca en la región en que ha penetrado la aguja.

Eleguá «trabaja» mucho con el Camaleón.

CAMARÓN

Un Camarón pequeño de río, que se traga vivo, protege al brujo, que lo hace ingerir a sus neófitos para preservarles de mal. Al niño de meses se le administra para fortalecerlos y defenderles el organismo de enfermedades y aojadores.

A ese pequeño Camarón, que también aclara el pensamiento y la memoria del brujo o palero y que se traga al mismo tiempo con siete granos de pimienta de Guinea se le llama Ndunku Karire.

Ndundu Karire domina los caminos y desata los remolinos.

CANGREJO

Como el Cangrejo «camina para atrás», parece que a cada paso que avanza retrocede, es uno de los instrumentos que más le sirven al brujo para «atrasar» y provocar desgracias irreparables.

Éste reduce a polvo su carapacho, lo mezcla con polvos de huesos humanos, de carapacho de Jicotea, de cuerno de Venado, carbón de piedra, pieles de reptiles, Bibijaguas, Avispa y tierra de cementerio y de una encrucijada. Excrementos de Perro, de Cerdo y de Chivo.

Todos esos elementos constituyen —dice un viejo Ngángula— «el verdadero Fundamento».

—«Con ellos se preparan tres papelitos que se dejan al pie de Eleguá tres días, pero algunos santeros como yo, hacen lo siguiente.

Cojo un papel de estraza, escribo tres veces en él con tinta, el nombre de la persona que se va a dañar. Quemo luego el papel y esa ceniza la uno a los polvos para que hagan más efecto.»

Con el Cangrejo de tierra que se embruja, se causa mucho daño.

—«No creo que la gente joven sepa trabajarlo como la de antes...»

Se nos repite, para un maleficio seguro: «carapacho, tierra de cementerio, hueso de muerto, pica pica y el nombre de la persona condenada». Todo lo cual se arroja a la puerta de la víctima.

O bien, es igualmente certera la fórmula siguiente: con el carapacho, pelos de Chino, pimienta de la China y de Guinea, cáscara de huevo de Gallina sacada, casa de Avispa, sal en grano y carbón de piedra.

En el Brasil, después del carnaval, todos los cangrejos salen de su cueva para hacer fiesta. Y en Caibarién, desfilan las noches de luna esplendorosa por la orilla del mar.

Quien fuera como el Cangrejo
que no necesita gorra
nunca le cae mazamorra
ni rasquera en el pellejo.
No puede vivir muy lejos
de arroyo ni de laguna
Vaya una feliz fortuna
que tiene ese animalito.
No le pican los mosquitos
ni jéjén en parte alguna.

Se sabe —los que saben— esas viejas leyendas olvidadas que en un tiempo no había agua en el mundo: el único que la tenía era el Cangrejo, dueño único de un pozo.

Esta historia nos recordará que gracias a la Codorniz, gracias a ella, hoy todos tenemos agua dulce para calmar nuestra sed:

La Codorniz mandó a su hija a buscar agua del pozo del Cangrejo. La Codorniz muy emplumadita, el Cangrejo pelado y con frío sintió envidia: ««no doy más agua!» le dijo, «mi agua es de San Pedro... que tu padre me pague toda la que contiene el pozo».

—Cangrejo, si no regreso con agua, mi padre me desplumará, explicó la pequeña Codorniz.

—¡Bah! Pídele agua a San Pedro.

—¿Cómo encontraré a San Pedro? y la infeliz se alejó buscando a San Pedro.

—¿Dónde vive?

Andando andando, tropezó con una viejecita que le dio a pelar una gallina. Y la pobre Codorniz tenía tanta hambre que se comió las plumas y dejó la gallina. Llegó a un río. Allí un hombre le entregó un ñame. Se comió las cáscaras y le dejó el ñame.

A otro individuo le cuenta que no puede pagarle al Cangrejo lo que le reclama por su agua.

—Coge tres güiras de ese árbol. Tres chicas. No cojas las grandes. Al salir de este monte arroja una, otra a mitad del camino, y otra al llegar a tu casa.

Obedeció, y en su casa, en el patio, al arrojar la tercera güira, se abrió un pozo. El patio se llenó de animales domésticos, entre los cuales eligió algunos para el Cangrejo y fue a verlo.

—Señor Cangrejo, ya no quiero agua de su pozo.

—Yo tengo a mi hijo y puedo mandárselo a San Pedro, respondió el Cangrejo.

77

Lo envió. El hijo del Cangrejo, andando andando pasó ante la casa de la vieja.

—Hijo, ¿qué quieres?

—¿A usted que le importa?

—Pélame esta gallina.

Le comió la gallina y le entregó a la vieja el montón de plumas.

Pasó junto al río. El mismo viejo que se encontró la hija de la Codorniz, le pidió que le pelase un ñame. Se comió el ñame y le dejó las cáscaras.

Llegó al pie de San Pedro y le dijo:

—Le diste suerte a la hija de la Codorniz y quiero que me la des a mí también.

—Toma tres güiras de ese árbol. Las hay grandes y chicas. Las grandes están muertas... no sirven, las chicas son las buenas.

Fue al árbol y escogió tres güiras de las grandes. A mitad de camino arrojó una al suelo. El camino, que con las pequeñas se acortaba, se hizo interminable.

Al lanzar la segunda lo acometieron perros rabiosos y al fin, ya en su casa, al lanzar la tercera en el patio se secó el pozo y el patio se lleno de chivos que sólo tenían dos patas, palomas ciegas, trozos de caballos y mulas, y perros con una sola pata.

El pozo inagotable de la Codorniz surtía de agua a todo el pueblo.

Omí gbogbo ikala omí
Omí gbogbo ikala omibó
Wásá omibó ikala
Olú mó.

CARCOMA

La Carcoma construye su casa, y en cada departamento pone un huevo. Para proveerla de alimentos trae una mosca, una araña, una mariposa y cierra la casa, de modo que todo quede adentro. Cogerla antes que salga Avispa... Muy trabajadora, eficaz; vale dinero.

CARNERO

Por sus relaciones con Changó jamás le cae un rayo encima.
—«Donde hay carnero no hay epidemias. Su virtud es mucha.
Nació con Cristo. Su frente es más dura que el hierro. Le abre el
pecho al Toro porque tiene poder en la vista y el Toro cierra sus
ojos.»

»Yewá rechaza al carnero. No se le puede ofrendar. En cambio
hace las delicias de Yemayá y de Changó, de ahí que algunos Olo-
chas consideren que su carne es tabú para los elegidos del dios
del Trueno. El carnero peleó con él y lo hizo huir y subirse a una
Palma Real, lo que explica que cuando truena el carnero asume
una actitud de desafío; mira a lo alto y golpea el suelo con una
de sus patas delanteras.»

—«Así es», nos confirma otro aboricha, «el carnero no creía en
nadie. Los demás animales le dijeron: Allá arriba en el cielo, hay
uno que tiene piedras. Con las piedras destruye lo que quiera.
Y todos respetaban a ese ser que estaba arriba. Carnero no le
temía; miraba a lo alto y daba golpes con una pata en el suelo.»
A pesar de no haberle tenido miedo jamás a esas piedras que
lanzadas del cielo quemaban y destruían, que todos, menos él,
respetaban; una vez que se jactaba ante ellos y le decía al Cielo
¡no me harás daño, ven te espero! al patear la tierra doce veces,
cayó un rayo en seco y lo fulminó. No obstante continúa desa-
fiando a Changó.

En una ocasión los Babalawos le aconsejaron al Rey que para
salvar a su pueblo sacrificara a su hijo. Tanto le insistieron, que
el Oba que era un gran patriota, consintió con dolor de su corazón el sacrificio de su heredero.

Todos fueron a ver el lugar donde iba a ser degollado el Príncipe; Orula también fue, con una comitiva, mas ignoraba a quien
se iba a sacrificar. La víctima cantaba y Orula pidió que lo llevasen a su presencia. El Rey le contó que aquel prisionero era su
hijo y tenía que sacrificarlo por consejo de sus Babalawos. Orula

los congregó a todos y ordenó que al Príncipe lo sustituyese un carnero.

Así fue que en adelante el carnero sustituyó a las víctimas humanas en los sacrificios; antes se ofrendaban hombres y ahora animales.»

El carnero implora clemencia. Obsérvese su mirada cuando van a darle muerte.

En un tiempo la dueña del carnero fue Oyá, la concubina de Changó, la que guerrea a su lado. Oyá, Dueña de la Plaza y del Cementerio, lo comía para no menstruar. Changó es un glotón incorregible que jamás sacia su apetito. Oyá le daba contados los plátanos que él codiciaba en la plaza, y para robárselos le dijo que fuese al cementerio a recoger un cráneo.

Oyá corrió al cementerio y Changó le hizo un «amarre» para que no pudiese salir del Campo Santo. Cuando Oyá se libró de aquel embrujo y regresó a la plaza, Changó se lo había comido todo.

Pelearon, y él le insistía en que se quedara en el cementerio y le cediera su venduta. También codiciaba los carneros que poseía Oyá y él se los robaba. Al fin Yemayá intervino en aquellos pleitos continuos, y le propuso a Oyá para acabar de una vez con ellos y vivir en paz, que le cediese el carnero a Changó. Éste le sacrificó una gallina negra y Oyá volvió a menstruar.

Donde ella se encuentre no puede haber carnero, y sus «hijas» no deben comerlo.

Es peligrosísimo cuando Changó pide que se le ofrende un carnero no complacerle.

Posobé era el nombre de un Awó (babalawo) a quien el Dios le reclamó uno y Kosobé no lo obedeció. Changó en unión de Yemayá se vengó de su negligencia: le quemaron la casa y a partir de entonces Kosobé comenzó a pasar trabajos. Del fuego sólo había recuperado unas reliquias que guardaba en su altar. Visitó a Orula. Éste le aconsejó hacer ebó con la reliquia, cuatro palomas blancas, un gallo y dos gallinas, Orí y Efún; que diese de comer a su cabeza amén de baños de albahaca y de baldeos para purificar su cuerpo y la casa. Kosobé volvió a prosperar.

A Iroko, el Oricha que mora en la Ceiba, también se le sacrifican carneros el dieciséis de noviembre. Es conveniente tener uno pequeño en la casa, pues a medida que éste crece el dueño irá progresando.

Suele emplearse el excremento de carnero, mezclado con el de Perro y Gato, Vergonzosa, Amansa Guapo y cascarilla de huevo, todo reducido a polvo. Después de tenerlos junto a Obatalá, estos polvos se soplan para proteger la puerta de un templo lucumí o mejor en las esquinas de éste añadiéndoles manteca de cacao.

Al carnero que se le sacrifica al Oricha, después de purificarlo con hojas de Guayaba, se le dan a masticar unas de Jobo o de Alamo y se le coloca sobre tres hojas de plátano extendidas en el suelo. El «omó» de Changó canta *Iwó iwó Omó dé wá uro fé ere ere*. Tendido el carnero sobre las hojas de plátano se le hace una incisión en el cuello, se recoge su sangre en una palangana y después se le corta la cabeza.

CERDO

Los ojos del cerdo se emplean en la magia del Mayombero para hacer daño «para poner a una persona como un cochino».

Al coger el puerco, el Mayombero expresa en palabras su mal deseo. Los dientes de la quijada superior del animal le sirven para embrujar a un hombre, los de la inferior a una mujer.

Una persona indeseable se ahuyenta con excremento de cerdo.

A veces se le sacrifica un cerdo a un Oricha, pero jamás sin consultar previamente al Adivino o sin que lo pida el propio Oricha: su sangre es muy caliente, y su organismo, se nos dice, se asemeja al del hombre.

A Olokun se le sacrifican en alta mar, muy de tarde en tarde en una ceremonia que pone a prueba el valor de los santeros que se atreven a efectuarlo. El Diablo suele también tomar el aspecto de un cerdo, aunque «el puerco es compañero de San Antonio Abad».

Esta creencia parece que la compartían en Europa, a juzgar por M. Salgues en una obra «Des Erreurs», en la que combate lo que considera un error, que el organismo del cerdo se asemeje al nuestro.

En la Regla Kimbisa se sacrifica el cerdo. Se le baña, se le purifica, se le trazan las cruces, y acariciándolo se le conduce ante la Piedra y se le mata.

COCUYO

¿Son estrellas que bajan a la tierra?

En Bayamo se les llama Ninitas y se supone que son almas del Purgatorio o el espíritu de un familiar muerto, cuando uno penetra emitiendo su misteriosa luz verde en el dormitorio. Allí en Bayamo las muchachas los atrapan y los ponen boca arriba en la palma de la mano para preguntarles el número de hijos que tendrán de casadas.

—«Cocuyito por la virtud que Dios te ha dado, ¿cuántos hijos voy a tener?»

Por el número de saltos que da el insecto luchando por enderezarse la muchacha averigua las veces que será madre.

Se cuenta que cuando los ingleses invadieron La Habana el 1762, vieron tantas luces en un bosque cercano que huyeron creyendo ser víctimas de una emboscada.

El mes en que aparecen estos insectos fulgurantes, estrellas terrestres, es el de Junio, o mejor, era, pues desde hace muchos años, cuando volaban en bandadas en los quietos alrededores de La Habana y en los jardines, no volvimos a verlos.

En tiempos de la Colonia las mujeres en los pueblos y capitales de provincias los prendían como joyas en sus cabellos, en el seno y en los pañuelos. Se metían en cajas de cartón en las que se abrían agujeros, e iluminaban la habitación. Un amigo mío así los llevó a París, alimentándolos con trocitos de caña. Nos parece un poco exagerada la experiencia de un inglés que dice vagó de noche por la Isla alumbrado sólo por los cocuyos. Cuenta el supuesto Philalectes («Cuba and the Cubans»), que una señora en su ingenio, se salvó gracias a la sagacidad de un perrito y a una caja de cocuyos, una noche que ya acostada para dormir llamó al perrito que se negó a acercársele. Pensando que se trataba de un capricho del animal, apagó la vela. El perrito tiró de la sábana, y ella lo subió a la cama. Éste volvió a echarse al suelo y a tirar de la sábana. A la luz de los cocuyos, la señora, incorporándose

84

vio a un negro armado de un cuchillo que al gritar la señora, escapó a la otra habitación y fue capturado por el contramayoral.

Los güiros agujereados y llenos de cocuyos servían también de linternas.

En la noche de por sí alucinante de Cuba un vuelo de cocuyos era un espectáculo maravilloso que no olvidaba el extranjero. Así escribió William Hurlbrit: «en el esplendor eléctrico de la noche los famosos cocuyos son vivas esmeraldas, aéreos vigilantes, más refulgentes que todas las gemas que pueden admirarse en el mundo mineral».

En otro libro sobre Cuba, el del Dr. Physician (Notes on Cuba) se lee: «al terminarse la molienda, vuelan en bandadas sobre las cañas cortadas. Pasé una oscura noche por campos en los que el camino durante una milla era una sabana de trémulos fuegos fosforescentes, tendida sobre la yerba, de más de cien yardas de ancho. El aire en todas direcciones vibraba con dardos que eran otros tantos meteoros desprendiendo un resplandor fantástico, mientras en la yerba en torno mío surgían anchos parches de luz del vientre de los insectos que en lo oscuro se hacían invisibles y misteriosamente iluminaban un espacio del suelo.

En la parte inferior de su cuerpo se encuentra el sitio de su luz. Mientras vuelan parecen cintas que arden de color de gas inflamable y con sus dos grandes globos bajo sus ojos producen con sus rápidos movimientos, los brillantes rayos de luz que se perciben desde muy lejos.»

Dice Arboleya: «son de gran recurso para los amantes, que a su luz pueden leer sus cartas».

Muchas Ngangas de Villumba fuerte, como Reflejo Luna «trabajan» con cocuyos. Esta nganga «no come» animal que sea hembra; solo perro macho, chivo y gallo. Se le introducen nueve cocuyos para que se disequen en ella.

El Cocuyo se prepara con palo de Guásima. La cabeza de la persona necesitada de la ayuda de una fuerza sobrenatural, y sus ojos se lavan con clara de huevo y en ella se hace un «trabajo» con siete cocuyos, los cuales se llevan en seguida vivos al monte (a un escampado) y se les paga su «derecho» (honorarios).

Esta obra se hace de día y hasta la noche se deja a la persona vendada con un pañuelo blanco junto a la Prenda o Nganga, con *mpaka de mensu*, (talismán con espejo) una vela encendida y un vaso de agua. Este «trabajo» recibe el nombre de_ *Kunayanda Matoko Gangavira-vira Santa Clara Ekunayanda Matoko.* Los cocuyos que se han empleado no pueden matarse, se depositan vivos en una Siguaraya, en una Yaya, Jocuma, Guara o Guamá, en fin, que sea en un palo de Corazón. Cuando a la persona se le quita

85

la venda sus ojos «están claros». (Ha adquirido mediunidad, lo que el Mayombero llama vista).

Para enviar lejos un hechizo se hace una cruz en el sitio que pisó la persona que se desea aniquilar y se recoge el polvo o la tierra y con dos alfileres puestos en cruz se colocan en la línea del ferrocarril para que el tren aplaste al hombre o a la mujer que se maldice. Con los alfileres se toma al Cocuyo y se le dice: «Cocuyo ve a casa de Fulano». Se encienden siete pilitas de pólvora que se sitúan alrededor del Cocuyo que va a llevar el daño (a cumplir la orden del brujo).

Para suerte se cogen muchos cocuyos, se introducen en una botella que dentro de una nasa se sumerge en el río. Quien esto hace atrapará muchos peces durante cinco días. En el quinto o en el sexto una voz le dirá: «Usted va a acabar con todos los peces de este río», a lo que deberá responder:

—Señor lo que deseaba era hablar con usted. Y dígale sin ambages lo que desea que le será concedido. Cuando se marche no volverá la cabeza atrás, por nada, así oiga el ruido más estridente.

COMEJÉN

Se introduce en los «resguardos» o amuletos mezclado con las tierras y demás ingredientes que los componen porque «vence al más pintado, lo derrumba todo sin que lo vean». Es imprescindible en las Ngangas.

CONEJO

Es conveniente comer carne de conejo porque es un animal inteligente y aviva y aclara el entendimiento.

Se culpa al Conejo de tener que morir, aunque las opiniones están divididas, ya que unos hacen culpable a Jicotea y otros al Perro.

Tigre era el rey de una tribu y Pedro Animal y Conejo eran sus sabios.

Tigre, a diario, para su consumo y el de su familia, mataba a un animal, y así estaba acabando con su tribu. Pedro Animal y Conejo resolvieron llevárselos a todos de allí:

—¡Vámonos a la Ciénaga! Recogieron cuanto tenían y se marcharon.

—¡Ah, dijo el Tigre al hallarse solo, estas son cosas de Pedro Animal y del Conejo! y le dijo a su mujer:

—Me fingiré muerto. Preparó una tarima con un agujero para hacer sus necesidades. Se tendió en ella y su mujer encendió cuatro velas.

¡Tigre murió! y como tanto gustan, la gente se dispuso a asistir a su velorio.

El Tigre lo que se proponía era sorprender y apresar a Pedro Animal y al Conejo.

El Conejo se acercó al bohío del Rey, cavó la tierra, llegó hasta el lugar en que se hallaba la tarima mortuoria en el momento preciso que orinaba el Tigre y le mojó la cabeza. Regresó junto a Pedro y lo puso en guardia. Y así narraba lo que sucedió después el hijo de un haitiano en un Central matancero.

Pedro Animal se situó frente al bohío en que se velaba el cadáver del Tigre, y le pidió al Venado que cantase...

—Vamo a entoná un canto que lleve derechito a la gloria a Tigre.

Y Venado entró en el bohío y metió mano a cantar:

Tata kengueré
Kiwá kirí...
¡Rey se murió!
Tata kengueré
kiwá kirí
Dió se lo llevó
¿qué vamo hacé?
Tata kengueré
Lo quiso Dió...

Venado cantaba a la cabecera del muerto.
—Compare Venado, le gritó la mujer del Tigre. ¡Pare ese canto! Entonces dijo de lejos Pedro Animal:
—Voy a echá un cirimonia...

Compé compé
Zunobé
Comprá Naribé...

y cuando su canto fúnebre se escuchó, el Tigre le rogó que entrara.
—No Comadre, sentimiento mé etá acabando. Deme dos paquetes de velas y una candela de candela.
Le advirtió al Buey Viejo:
—Huya que ése está vivo. Y el Buey Viejo huyó y así le fue aconsejando a toda la gente vieja que ya no tenía buenas piernas y se hallaban presentes o rodeaban el bohío.
Adentro no quedaban más que los jóvenes, los fuertes, cuando Pedro Animal en el umbral de la puerta hizo acto de presencia. Ya le había dicho al Conejo:
—Cuando tu cucha canto, vé con inolifé (un tizón) y metéselo al Tigre en el culo.
Pedro Animal comenzó a cantar:

Zunubé...

y llorando:

Compé dindifé...

Por debajo de la tierra llegó el Conejo hasta la tarima con la brasa y le quemó el culo al muerto que dio un brinco.

Toros, elefantes, vacas, todos los fuertes se precipitaron a la puerta y arrollando a la viuda escaparon.

Fue el León, quien en otra variante de la historia anterior, se hizo el muerto y el Conejo le dijo:
—Si no te tiras tres vientos no estás muerto.
El León lanzó tres sonoros cuescos.
—Desde que el mundo es mundo, ¿quién ha oído a un muerto soltar un pedo?

Por culpa del Conejo se separaron Yemayá y Orula, que estaban casados. Yemayá sabía augurar con las semillas de Ifá y la Cadena —okuele— y el Conejo la denunció a Orula.

¿Quién no recuerda haber oído cantar a los niños?

> *El Conejo de Esperanza*
> *salió desde esta mañana*
> *y a las ocho ha de volver*
> *¡ay, aquí está! ¡El Conejo aquí está!*

CUCARACHA

Le pertenecen a Ogún y a Ochosí. Son «mensajeras» de Yemayá, que las come y las llama «sus chicharrones». Pero esos «chicharrones», también los comen todos los Orichas, y en estado de trance, sus «hijos», sobre todo los Omó de Yemayá. Hay innumerables especies conocidas de coleópteros. Entre éstas, nuestras cucarachas de un negro rojizo son las que más saben. Sólo las nieves del polo se libran de ellas, aunque en Rusia, en Moscú las hay. Un viejo amigo mío actor, el marido de Alexandra Exter, a quien tanto debió una pintora cubana, Amelia Peláez, que se burlaba de mi terror a las cucarachas, me contaba de una que allí en Moscú lo esperaba todas las noches y lo seguía hasta su habitación para comerse el azúcar con que él la regalaba. Se creía en Rusia que traían buena suerte al hogar.

De las corrientes, bigotudas, me aseguraban los negros viejos, que puestas en un cartucho sobre un enfermo le bajan la fiebre.

—«Buenas para curar, sí, pero la verdad es que es un bicho muy asqueroso.»

Inspira una repugnancia y un miedo que hace sospechar tienen parte con el Diablo estas hijas de la suciedad.

¿Quién no oyó hablar en Cuba de la cucarachita Martina?, me refiero a los que ya peinan canas o se las tiñen.

No era Cucarachita cuando una mañana salió de Cádiz rumbo a La Habana en barco de velas a reunirse con su tío, que tenía tienda en la calle de la Muralla. Era una hormiguita y en la travesía se volvió cucarachita.

Ya en La Habana, la Cucarachita se encontró un día un real de plata en la acera de su casa.

—¿En qué lo gastaré? Se preguntó entusiasmada. Compraré caramelos... ¡No, caramelos no, me los como y se me acaban!

A todo lo que se le ocurría le hallaba un pero, y tras mucho pensar la Cucarachita se compró una caja de polvos de arroz.

Todas las tardes se sentaba en la ventana, muy compuesta,

muy empolvada la cara, y comenzaron a presentárseles muchos pretendientes. Cuando le hablaban —el Perro, el Caballo, el Buey, el Chivo—, sus voces la asustaban y a ninguno correspondía. Más tarde pasó el Ratoncito Pérez, ella lo escuchó, y lo amó por su suave y discreta vocecita.

Se casaron y fueron muy felices, pero Ratoncito Pérez era goloso y un día guzmelando cayó en la olla y pereció...

> *¡Ratoncito Pérez*
> *cayó en la olla*
> *Por la golosina*
> *de la Cebolla.*
> *La Cucarachita Martina*
> *le canta y le llora!*

Es la única cucaracha en la historia de Cuba, que no ha sido odiada.

Las cucarachas son viejas en el mundo, y menos en el Polo se encuentran en todas partes, aunque sienten predilección por el calor húmedo y son como un regalo del trópico, uno de los encantos de la ciudad de Miami. Se cuentan dos mil doscientas cincuenta especies. Y todas muy fecundas.

CHICHARRÓN

—«Sale de la tierra, vuela, se coge fácilmente, se le pone en la palma de la mano y da la hora retorciéndose.» Cuéntense las veces que el insecto salta y se obtiene la hora exacta.

CHIVO

En muchas ocasiones habitáculo del Diablo, como el Majá, el Gato, el Cangrejo, el Murciélago, el Búho.

Los hijos de Changó no pueden comer chivo porque el Oricha no lo come. Oyá sí «chiva doncella», como Yewá. El chivo negro lo come Naná Bulukú; pintado o enteramente negro Babalú Ayé (San Lázaro) que «se lo come entero».

Cuando en un pueblo amenazaba o ya se había declarado una epidemia se conjuraba con un *ebó* de chivo para Babalú Ayé. Se le ponían alforjas al animal, que se llenaban de ofrendas, y se le llevaba lejos. Lo ataban a un árbol con idea de que el Oricha se lo comiese lentamente.

Estos sacrificios se practicaban en el campo «en bien de todos» cuando Cuba era libre. En La Habana, en concepto de los viejos, esta «Magnífica costumbre», había sido abandonada por un egoísta individualismo. El Chivo que se le sacrifica a Ochún se capa. Y en algunos Ilere, no en todos, también el que se le sacrifica a Agayú.

El chivo, antes de ser llevado al patíbulo, se pasea y devotos y oficiantes le tocan la frente. Cualquier enfermedad o «daño» se le trasmite al chivo.

Eleguá no acepta sacrificios de chivo porque dice que éste es «mayombero, ndoki, el brujo que se vuelve fantasma». Tiene un huesito en la frente en forma de cruz que olorichas e Iyalochas guardan en el saquito de los caracoles como testimonio que «su Oricha comió animal de cuatro patas».

Los cascos del chivo reducidos a polvo, ahuyentan a la persona que se quiere alejar de la casa.

El Chivo maldijo al hombre:

—«Me vas a matar para saborearte mi carne, pero en cuanto oigas a mi pellejo hablar te haré bailar...» Su piel es la única que sirve para parche de tambor. De ahí que *«Chivo que rompe tambor con su pellejo paga».*

Si un tronco no está podrido, Chivo no lo tumba. Este refrán se refiere a que Olofi le ordenó al Chivo que bajase a la tierra y separase las yerbas buenas de las malas y venenosas. El Chivo obedeció y halló un bejuco venenoso en una cerca junto a un tronco podrido. Tanto haló del bejuco que derribó el tronco. Por eso también dice el refrán: *Si tronco no hubiese estado podrido Chivo no tumba cerca.*

Los Orichas celebraban un concilio en la santa ciudad de Ifé. Orula se vio obligado a asistir. Ifé estaba muy lejos, e Ifá fue andando. Se le hincharon los pies; ya no podía caminar. El chivo lo vio y compadecido se ofreció a llevarlo.

Cabalgando un chivo Orula llegó al Concilio.

Había que ofrendarle una paloma a la puerta del pueblo de los santos, no la tenía Orula y le dijo al Chivo: te voy a sacrificar.

El Chivo le echó en cara su ingratitud.

—¿Qué le vamos a hacer? ¡Lo siento, pero es necesario tu sacrificio para salvar a la humanidad!

Y al terminar el sacrificio cantó: Oto Kutan.

El Chivo tuvo un enfrentamiento con la hormiga que todos los días iba a comer un montoncito de azúcar que le regalaba una viejita.

Un día ésta fue a misa y dejó abierta la puerta de su casa. Entró en ella el Chivo y cerró la puerta con llave. De regreso la viejita no podía entrar en su casa.

La hormiga estaba adentro, esperando su granito de azúcar.

Lo requirió y el Chivo insolente gritó:

—¡Yo soy el Chivo Chivirango que tiene cuernos para matar!

—Y yo soy la Hormiguita del Hormigal... Te pico el culito y te hago brincar, respondió la hormiguita, actuando oportunamente.

El Chivo abrió la puerta dando brincos y huyó.

Había gran mortandad en la tierra y Olofi mandó a buscar a Orula. y al presentarse a la puerta del Ilé de Olofí salieron el Chivo, la Paloma y el Carnero. Le dijeron que no entrase, que se marchase sin perder un minuto, pues Olofí lo esperaba para matarlo.

. Huyó y se escondió en el hueco de un árbol gigantesco. Dentro se encontró a una mujer embarazada. Orula le auguró que sería muy rica. La mujer fue a visitar a Olofi y· le contó que había hablado con un hombre dentro del hueco- de un árbol. Olofí no sabía que aquel hombre era Orula, y de nuevo envió a buscarlo y Orula le hizo saber que no iría pues sabía que lo iba a matar, porque había en su casa muchos chismosos que lo calumniaban.

—¿Quiénes? mandó a preguntarle Olofí.

—El Chivo, el Carnero y la Paloma.

Entonces dispuso que para hacer Ebó, se cogiese al Chivo, al Carnero. a la Paloma y a un hacha.

En otra ocasión el Chivo recibió la visita del Tigre, que le rogó le permitiese dormir en su casa. El Chivo lo dejó dormir en la puerta, una primera noche. La segunda lo dejó pasar a la sala y por último el Tigre quiso adueñarse de toda la casa, y miraba al Chivo con ojos torcidos. A pesar de los juramentos de amistad que le había hecho, el Chivo comenzó a sospechar. Corrió a consultar a Orula, que le hizo Ebó con un delantal de dos bolsillos y le dijo que uno lo llenase con piedras y el otro con maíz tostado.

—No te quites nunca este delantal, le aconsejó el Adivino. Come el maíz y cuando Tigre te pregunte qué comes di que comes piedras.

El Tigre le propuso:

—¿Vamos a pasear?

Aceptó el Chivo e iba comiendo el maíz que tenía en un bolsillo.

—¿Qué comes? le preguntó el Tigre.

—Piedras.

—Espérame un momento, le dijo el Tigre, pues pensó: ¡si éste come piedras también podrá comerme a mí! Desapareció y no regresó a casa del Chivo.

En una época Eleguá y Osun eran inseparables. Continuamente se les veía juntos en rumbas y parrandas.

Un día en que Osun se había emborrachado y dormía profundamente la mona cerca del Chivo, Eleguá se robo al Chivo, lo mató y untó de sangre la boca de Osun mientras tranquilamente se comía a su víctima. Los dueños del chivo fueron a buscarlo y se encontraron a Osun con la boca roja de sangre y lo apresaron como autor del robo del chivo desaparecido.

Se nos ha contado, que cuando el Chivo habitaba en compañía de su madre, necesitaba una mujer, y que una mañana al marcharse a sus ocupaciones, le pidió que se la buscase y para eso le dejó dinero. Al regresar el Chivo ya de noche le preguntó si había cumplido su encargo.

—Todo está arreglado, le contestó la autora de sus días, y a la hora de acostarse, le dijo:

—Hijo, ¿qué más mujer que yo?

Si el Chivo es incestuoso, es por culpa de su propia endiablada madre.

Una mujer blanca, bien educada, dueña de una importante colonia de caña nos confió que en su infancia los negros de la dotación de su hacienda le tenían terror a un chivo blanco que consideraban «un fenómeno sagrado».

—«Era un chivo blanco, inmaterial, invisible para todos. Yo era una niña entonces. Cogía una rama y la rama dicen que desaparecía en mi mano y desde aquel momento, los negros me tuvieron por una gran cosa. Me llamaban cariñosamente... Diente de Chivo Malo. Eso sólo los videntes lo veían. Los brujos lo veneraban y creían que aquel chivo que comió de mi mano era Santo.»

En un recorrido por la Isla pudimos observar que en la provincia de Camagüey y en Puerto Tarafa había muchos chivos. El señor Pellón, director de los ferrocarriles de Camagüey en aquellos días, nos contó lo aficionados que eran los chivos a la miel. Se volvían locos cuando sonaba el pito llamando para cargar las mieles, todos los chivos acudían y se pegaban como locos a la miel. Para evitar esto los espantaban y un hombre, muy nacionalista se quejó a Pellón.

—«¡Esto es intolerable! La miel es cubana y si los extranjeros se la llevan, deje usted, señor, que la aprovechen los chivos cubanos.»

Si vive ¿qué dirá hoy aquel obrero?

En la Regla de Congos, sólo una vez se le sacrifica un chivo a la Nganga. Su sangre se le ofrenda a los espíritus —Fumbi— y se vierte en un agujero que se hace en la tierra. La carne la comen los adeptos.

En la Sociedad Secreta Abakuá —la de los ñáñigos— en todas las grandes ceremonias, se sacrifica un chivo que sustituye a la víctima humana que se le ofrenda a Ekue, la Sikanekue. Por eso se marca el chivo con los mismos signos que se le dibujan al neófito.

Antiguamente en las Potencias o confraternidades Abakuá, el chivo estaba prohibido sacrificarlo con cuchillo y se despedazaba con los dientes y las manos.

Cuando los Cuatro Obones, grandes dignatarios ñáñigos, muerden la cabeza del chivo, Iyamba el Rey muerde la boca, porque en ella reside el secreto de la Voz Sagrada; Mokongo una Oreja porque Sikán escuchó el Secreto (Ekue) que quedó en su oreja; Isué la otra, porque en ella está el secreto de Sese Eribó e Isunekue muerde el cogote, porque es el Dueño del Sacrificio.

Al sacrificar al chivo los aborichas cantan.

Bara ki oñio oñio
Obatala labé labé o...

Los isleños —canarios— respetan mucho al chivo. No permiten que se les maltrate porque dicen que si el chivo se cuida bien protege las casas.

Tiene un nexo con el Echu Alagwana. E insiste Saibeke:

—«El chivo es un maldiciente. Si no se tiene mucho cuidado cuando se mata de seguro que se arma tragedia. Es revoltoso.

No en balde es guardiero de las Cuatro Esquinas donde conferencian los Guerreros, Ogún, Ochosí, Changó y Eleguá y forman las grescas.

Apestan porque Ochún tenía por costumbre untarse el cuerpo con un ungüento perfumado y olía a gloria. ¿Y qué se le ocurrió al chivo? Decirle a Ochún que quería oler como ella, y ella en vez de darle de su buen olor, le preparó una pasta hedionda con la que olió a berrenchín. Esa fue la causa de que el chivo apestara desde el principio del mundo.»

ELEFANTE

No hay elefantes en Cuba pero se habla de ellos. Se sabe que le pertenecen a Obatalá, y los que lo «Asientan» (se consagran a Obatalá), no se les inicia sin que posean marfil.

Orula se robó a Até, que era la mujer de Ayanakú, el Elefante. Éste indignado, con la trompa en alto, salió furioso a matar a Orula. Pero el ladrón hizo ebó con tuna, y Ayanakú que iba derribando cuanto hallaba a su paso atacó con tal furia la casa de Orula rodeada de tunas que las duras espinas de estas plantas penetraron en todo su cuerpo y al intentar quitárselas a trompazos, murió el pobre cornudo. Orula le arrancó los colmillos y el rabo para hacer Irofá.

ESTRELLA DE MAR

En una casa, colocada en un rincón, una vasija con agua salada y una estrella de mar, procurará dinero, salud y suerte. Pero antes, se la entierra durante tres viernes.

GALLINA

Las gallinas son alimento corriente y predilecto de las diosas Yemayá, Ochún y Oyá.

Fue la primera ave que Olofí envió a la tierra. Era una gallina quinqueña. Tenía cinco dedos. Con ella vino también la Paloma.

En los comienzos la tierra era sólo un montoncito de arena, que con sus patas esparciéndola, la extendieron la Gallina y la Paloma.

La gallina negra le pertenece a Naná; Yewá no la come.

No se tienen grifas ni malayas porque condenan al celibato a hombres y a mujeres (añádaseles los pollos grifos).

Las grifas, y sus huevos —Oroko— son indispensables para realizar los peores maleficios. De ahí que los Orichas no la comen. Es ave del Diablo que se sacrifica en las encrucijadas y que después resucita para ponerle huevos a quien el Diablo quiere favorecer.

Las gallinas negras tienen la virtud de hacer invisible al que lleva su corazón en un amuleto. También tienen el mismo don las polloncitas negras. Ese amuleto lo necesita el policía que persigue a un delincuente y no debe ser visto por él, y también es muy útil al delincuente que huye de la autoridad. (Y a las adúlteras cuando van a sus citas).

Idénticas facultades tiene el corazón de la Rana y del Murciélago.

Las gallinas que cantan de noche atraen desgracia, y las que cantan como gallo es preciso matarlas. Los cuerpos de las que se le sacrifican a Ochún, se colocan en un círculo trazado con cascarilla en el suelo.

A esas gallinas que se le ofrendan a Ochún se les pone almendras. Este es uno de los platos favoritos de Ochún.

—Orula decidió salir en busca de otra tierra... Una tierra en la que todo fuese diferente, los caracteres de la gente, las construcciones, los animales, las plantas. Buscándola, en un camino, se topó con el Mono. Le preguntó su nombre:

—Me llamo Mono.

¿Y tu padre, tu madre, tus hermanos?

—Se llaman... Monos.

Más adelante se halló frente a un Elefante.

—¿Cuál es su nombre?

—Elefante.

—¿Y su padre, su madre, sus hermanos?

—Elefantes.

Y así fue conociendo a otros animales, y sus nombres hasta dar con la tierra del Gallo.

Allí vio a un pollo, y al preguntarle el nombre de su padre, su madre y sus hermanos el pollo respondió.

—Mi padre, Gallo. Mi madre Gallina, mis hermanos pollos y pollitos.

—Llévame a verlos, le pidió Orula.

El pollo lo condujo a casa de su madre. Y no se sabe que ocurrió. ¿Se los comería?

Gallina volvía a su casa todas las tardes, con su cuadrilla, por el mismo camino y todas las tardes por allí iba el Gato y se comía tres o cuatro pollitos.

Un Gallo grande jabado le dijo a la Gallina:

—¡Esto no puede continuar, veinte pollitos saldrán y regresarán ocho! ¡El enemigo se los come!

Roja, roja como la sangre era la cresta de la Gallina.

Volvían juntos todos los pollitos para entrar al dormitorio. Saltan la cerca, cantan:

Joyalé i ché ché
Niboké joyalé
ché ché nibó Ke.

Cruzaron la cerca y el Gato mirando. Ya pasaron. Todos en cuadrilla y las Gallinas custodiando. El Gato no pudo robar ninguno. Al día siguiente cuando iban los pollos por la sabana, de vuelta a casa, el Gallo grande se puso a bailar y con él todo el mundo. El Gato tampoco ese día pudo robar y temeroso del Gallo desistió de comerle los pollitos.

Cuando Orula le pidió permiso a Olofi para venir al Mundo, y Olofí se lo concedió, Orula se enamoró del mundo y no quiso retornar al cielo. Olofí lo reclamó y Orula le envió una Gallina blanca que llenó a Olofí de alegría. Sin embargo, pasados tres meses, de nuevo lo llamó. Orula repitió su súplica y esta vez le envió una Gallina pintada, y esta gallina le gustó aún más que la blanca, y lo dejó permanecer otro tiempo en la tierra, hasta que volvió a pedirle que regresase. Orula le envió entonces una Gallina negra pero Olofí insistió en su demanda.

Orula le dice:

—Me queda mucho que hacer en la tierra.

Olofí, estimando las cosas que Orula le enviaba, consintió en que se quedase en el mundo ayudando á sus criaturas.

Es sabido que en un tiempo Orula andaba haciendo travesuras y que todos se quejaban de su conducta. Sin embargo Obatalá le ordenó que le quitase a la Ikú, la Muerte, y Orula lo obedeció y para despedirla y alejarla, se le dieron dos gallinas negras.

Y también se cuenta que el Gato y la Gallina Negra fueron a bañarse al río. Después, de regreso del baño, la Gallina se le escapó al Gato y se metió en casa de Obatalá que en aquel momento tenía la cara enjabonada y al ver a la Gallina la salpicó de jabón. Fue el Gato a reclamársela a Obatalá y éste trató al Gato de mentiroso, pues la Gallina que él veía no era negra, sino jaspeada...

Se cree que el excremento de Gallina hacía caer los dientes de la persona que muerde a otra aplicándolo en la parte en que ésta haya sido mordida.

—«Una negra que fue querida de mi padre», nos contaba un viejo santero de Matanzas «le dio una mordida a mi hermano. A esa negra se le cayeron todos los dientes, porque la Madrina de mi hermano le untó caca de gallina en la mordida».

Este remedio por simple y económico quizá en alguna ocasión sea útil a cualquier lector.

La gallina pone huevos a diario. Creía que a los tres viernes sacaría sus pollitos. Pero la Cochinilla, la Lombriz y otros insectos los picoteaban y los vaciaban.

Gallina fue a casa del Babalawo que le hizo Ebó con cinco huevos, un gallo, lombrices y dos pollos.

Con esto la Gallina se hizo clarividente «adquirió vista» y desde entonces cuando los insectos vienen a atacar sus huevos, los ve y los mata cuando está echada.

Las gallinas tienen mala fama. No son moralistas. Reza un viejo refrán que compara con ellas a las de cierto temperamento: «Más putas que las gallinas», se les dice.

De los embrujos que se practican con ellas, da fe, por experiencia, esta informante.

—Me pusieron en la puerta una gallina amarrada por las patas y por debajo de las alas, con tres cintas negras. Por la noche tenía un dolor terrible. Vi lo que me lo causaba... la gallina; la agarré con la mano izquierda por las alas y le dije: tu naciste para hacer maldad. La empape en gasolina y la quemé. El que te puso aquí que arda como estás ardiendo ya.

En Francia se dice que:

> *Poule qui chante*
> *prêtre qui danse*
> *et femme qui parle latin*
> *n'arrivent jamais*
> *a une belle fin.*[1]

Cuando se proponían adivinanzas y contestarlas era entretenimiento de chicos y grandes, ésta era muy conocida:

> *Nico Nico tiene alas*
> *tiene pies y tiene pico.*
> *El hijo de Nico Nico*
> *No tiene alas*
> *No tiene pies ni tiene pico.*

¿Qué es? El huevo.

De la Gallina se dice con admiración:

«Gallina no tiene diente, come maíz entero y lo caga molido», y de la negra, que el Diablo asume su forma.

---

1. Equivalente al refrán español: «Mujer que bebe vino y sabe latín no tiene buen fin».

GALLINA DE GUINEA

Le pertenece a Babalú Ayé —San Lázaro—. Le gusta a Oyá, a Yewá y a Obatalá, que al afeitarse ya sabemos que salpicó su plumaje con su jabón. Mas otros conocedores de la Regla dicen que Obatalá la pintó con su propia mano para premiar las atenciones y cuidados que le debía.

Para finalizar una ceremonia religiosa —en la Regla Lucumí—, es el último animal que se sacrifica y se pasa dándole vueltas sobre la cabeza de los asistentes. Este rito se llama: PIFETO. «Hacer Pifeto».

Indispensable en todas las rogaciones que se le hacen a Babalú Ayé.

—«Se purifica el ave, y el hijo de San Lázaro (Babalú Ayé) ciñéndose en la cabeza un pañuelo blanco se hinca ante las Piedras con el guineo. Allí está un hijo de Ogún que sacrifica al guineo, y luego con una paloma blanca que también se le ofrenda en algunos templos a Babá se le hace una incisión en el pescuezo y la sangre se le derrama al Oricha.»

—«A Akefán, un Oricha que usa un gorro del que cuelgan hilos de cuentas, se le dan guineas, como a Yewá.»

Una vez a Orula se le escapó una guinea. Ésta escarbaba frente a su puerta, y al cogerla vio que dentro del agujero que había hecho la Guinea se ocultaba un clavo. Era un clavo hechizado por un brujo malvado para hacerle daño.

Los huevos de la Guinea son los peores cuando se utilizan en maleficios.

De una persona fuerte y emprendedora se dice que tiene espíritu de gallinea de Guinea.

GALLO

Barre cantando las sombras de la noche. Heraldo del sol.

«Piquito mi Gallo
subió a los cielos
a pedir carnero
para una patica
que tenía enferma».

De niños nos decían del Gallo, en una adivinanza:

«Alto altanero
gran caballero
gorra de grana
y espuela de acero».

A las doce de la noche, en Nochebuena, el gallo canta

¡Cristo nació!
¡Cristo nació!

Se asegura que cuando el Gallo canta, todos los espíritus de la noche desaparecen y que hasta el Diablo se esconde.

Si es blanco, no se le presta mucha atención, el rojo alerta, y el negro... ¡a correr, trasgos!

Por entender lo que hablaban los gallos murió Mabiala que estaba locamente enamorado de una linda muchacha. Ella le pidió que le dijese lo que conversaban el Gallo y la Gallina. ¡Ay! si Mabiala la complacía, Mabiala moriría. La joven insistió:

Yán gumbé tara mana.

105

Cuando el Gallo habla con la Gallina suele decirla en voz baja: aquí el que muere no vuelve.

kuamé taramina kuá me
tara mina londé yo kío
kiororo.

Se lo dijo y Mabiala cayó muerto.

El Gallo, sufrió una gran humillación, cuando un Rey se enamoró de su hija.

Al verla, instantáneamente quedó prendado de su belleza y declaró que no quería a otra mujer más que a ella porque su boca era muy alegre. Cien centenes le pagó al Gallo por su hija y se la llevó a su palacio. en el que tenía, buena costumbre africana, un sinnúmero de mujeres. Éstas la odiaron; la envidia se las comía porque el Rey las abandonaba por ella.

Una de aquellas mujeres consultó con el Adivino. Supo quien era el padre de la joven y otra de aquellas mujeres que era bruja y tenía en el río un Santo muy poderoso, le preguntó que debía hacer para destruir a la bella intrusa. Échale maíz, le aconsejó el Santo, y la bruja esperó que se celebrase una fiesta que reuniría a toda la corte. Ese día acudieron todos sus vasallos con tributos de aguardiente, ñame y maíz, tongas inmensas de maíz, y ante todos los cortesanos, la bruja, que ya tenía preparado un granito, se lo arrojó a la favorita que el Rey tenía sentada junto a él, en el pilón. Ésta, sin poderse contener se lanzó de bruces a picotear el maíz como una vulgar gallina. ¡Qué risas. qué escándalo! el Rey abochornado la echó de palacio y ella pobrecita, consciente de que se había puesto en ridículo ante todos, provocado la indignación del Rey y deshonrada para siempre se ahogó en el río. Por suerte una mala acción suele no quedar secreta, y el Rey todo lo supo... Le invadió una inmensa tristeza y a todas horas suspiraba por ella. Después de castigar a la malvada, solo, se dirigió al río, tres veces llamó a su amada y se arrojó al agua para reunirse con ella.

En otra versión de esta triste historia, el Rey le devuelve su hija al Gallo. Se entera de los manejos de sus mujeres y a todas las ahogó en el río. Mandó a buscar a la amada, pero el Gallo indignado por su proceder había echado a su hija de su casa, a vagar por los caminos. La infeliz extenuada por el hambre, murió en un andurrial solitario.

Moraleja: no ir en contra de las leyes de la naturaleza, y casarse con un igual.

Orula no acepta sacrificio de Gallo.

A once pasos de un árbol no puede matarse un gallo.

A Naná Bulukú se le ofrendan dos gallos blancos.

Eleguá, aunque «come mucho pollo se vuelve loco por un gallo».

El Gallo jabado sólo se le ofrenda a Babalú Ayé.

Para que cesen lluvias y truenos se le mata un gallo a Changó y otro a Yemayá, y para que llueva bajo una palma a Yemayá.

El Gallo indio lo emplea mucho Osaín en sus «trabajos».

El jamaiquino, al revés de los Mayomberos, no lo comen los adeptos de la Regla lucumí.

Al Gallo con que se purifica la habitación en que se ha practicado un rito se le arranca la lengua al dejarlo en libertad «para que no cuente lo que vio hacer».

La lengua del gallo, sin embargo, sirve para callar a los difamadores y chismosos. Impone silencio a un enemigo. Atravesada por un alfiler gana pleitos. Silencian la acusación.

Las lenguas de los gallos que se sacrifican se guardan. No se pudren. Se endurecen más que el hierro, secas en una cajita sin alcohol.

—«Se le abre la boca al Gallo, se le traspasa la lengua con un cuchillo: la lengua de gallo traicionó y salvó a Ogún.»

—«El Gallo se amarra vivo sobre un hormiguero de hormigas bravas, éstas lo pican y él rabia de dolor. Sus sesos se petrifican. Muerto, lo entierran y ya podrido se le sacan los sesos convertidos en piedras.»

Blanco, amarillo, jiro, se sacrifican cuando el brujo o Mayombero le ofrenda a todas las Prendas o Ngangas que posee.

Su sangre es la única que se vierte dentro de la Nganga.

Sin gallo los ñáñigos no pueden practicar ningún rito. (Urakison Urakison boro kinangué efor abakuá). Para maleficiar, Nasakó, el brujo de la Potencia seca la cabeza del gallo y ANONADA a quien desea. Los viejos ñáñigos sabían que en el Calabar se colgaba una cabeza de hombre o mujer para lograr el mismo efecto.

El Gallo deseaba ser dueño de varias esposas, y fue a la tierra donde estaban las hembras en mayoría.

Por el camino encontró a Echu.

—¿Adónde vas?, le preguntó Echu. El Gallo le mintió contestándole que iba a una tierra en que llovía mucho para «amarrar» las aguas.

Molesto Echu. para embromarlo hizo uso de *Oché* y mandó a las nubes que descargasen en aquel lugar, que sufría de una seca.

Al llegar el Gallo declaró que él había enviado a la lluvia y que por lo tanto le diesen esposas en recompensa.

Por eso, desde entonces, el Gallo es Rey, Sultán de las gallinas.

Esto explica que para obtener algo de Echu se le pide lo contrario de lo que se quiere, se le engaña y no se le da nada, de modo que creyendo vengarse, dé lo que se desea. (Del odu Okana meyí).

GALLITO QUIQUIRIQUÍ

De tan compenetrado que estaba con ellos, un hombre entendía el lenguaje de los animales.

Enfermó de gravedad una hermana suya y los animales que vivían con él, vieron pasar a la Muerte en dirección a la casa.

El Gallito Quiquiriquí se plantó ante la Muerte desafiándola. Dio un salto hacia ella y se le cayeron tres plumas que se quedaron adheridas a un hueso. Se asustó tanto la Ikú que desarmándose toda echó a correr.

GATO

Aliado de los brujos.

El que cuenta con enemigos y está perseguido debe tenerlo en su casa. Changó lo aconseja como protección, porque a este Oricha que tenía muchos enemigos, el Gato lo salvó. Orula, que le hizo ebó, le entregó uno con el fin de que siempre lo acompañase. Iba en su caballo con su Gato, y a éste le brillaban los ojos como brasas y al verlo sus enemigos apostados para matarlo, se asustaron y huyeron convencidos de que aquellos ojos tan brillantes sólo podían ser los del Demonio.

El Gato, como lo fue Osu con Eleguá en el mundo de los dioses y semidioses, fue calumniado por su amigo el hurón. Una noche el hurón robó una gallina, la devoró y dejó las plumas en la puerta de la vivienda del Gato. Al día siguiente su dueño que la buscó en vano, le preguntó al hurón si la había visto. Éste le aconsejó que investigase su paradero porque de seguro donde hallara sus plumas... allí estaría. No tardó el hombre en encontrar las plumas y al Gato.

Injustamente declarado culpable del robo y asesinato de la Gallina, protestó con todas sus fuerzas y dijo:

—«Dónde se hallen sus huesos, allí estará el ladrón de la Gallina.»

Por el acento del Gato, que le pareció veraz, continuó el hombre indagando y al fin encontró los huesos... pero ni sombra del ladrón.

El hurón escapó al monte y desde entonces jamás ha vuelto al pueblo.

El Gato, que aparece inocente en esta historia, tiene fama de ser ladrón por naturaleza.

Es corriente creer que «tienen pacto con el Diablo», en todas partes y en todos los tiempos —¿no tenía un rey de Inglaterra, Carlos I, un Gato negro convencido de que le daba suerte, al extremo que al morir el Gato interpretó su muerte como un augurio de desgracia? Al día siguiente de muerto el Gato, Carlos I fue hecho prisionero.

Los brujos no pueden prescindir del Gato. En la Magia negra de los Congos, se utiliza como Fundamento de una Nganga. (Cazuela o caldero mágico).

Para fabricar una de las llamadas Prendas o Ngangas judías —para causar daño— el Gato se atormenta, se enfurece, se quema y cuando rabia de dolor se le corta la cabeza y «se le da» a la Nganga.

Los nganguleros lo capturan a las doce de la noche, y con su espíritu preparan una Prenda, con la que sólo se hace mal. Chupan sangre y muchos brujos «dan vista», hacen clarividentes, vertiendo en los ojos sangre de Gato negro.

Con un Gato negro y una sábana blanca va el brujo a la manigua. Allí enciende una vela, junta leña, la prende y asa un Gato negro hasta que la carne del animal se deshace. Se acuesta en la tierra, toma los huesos del Gato y mordiéndolos uno a uno dice: lo comí (si es bozal de seguro que dirá lu cumí). Si mordiendo un hueso la vela se apaga, ese hueso lo guardará el brujo hasta la muerte, pues es un gran amuleto.

Con Gato se fabrica otra Prenda «judía», malísima, de la que ya hemos hablado en un libro anterior.

—«Chicho», nos contaron «por poco pierde la vida por llevarse la Nganga de un compañero suyo que había muerto y que su viuda le regaló, de seguro que para librarse de ella. Se llamaba Infierno Ndoki».

Invariablemente estas Ngangas se hacen salcochando gatos y enterrándolos. Cuando se trabaja con ellos, se les fija un plazo de veinticuatro horas para que obedezcan las órdenes del Mayombero. A las veinticuatro horas se desentierra el gato y se escoge un hueso que se pone ante el espejo mágico (Lumuine) y se mira. Si el espejo se nubla, el hueso le pertenece, y el brujo se lo apropia. Vuelve con él al cementerio y busca siete falanges de meñiques, que son tan fuertes y útiles como un cráneo. Se lleva tierra de siete tumbas. Le echa mucho ajo, se cubre con la ristra. aguardiente, humo de tabaco y se tapa con un pañuelo negro en el que se hacen siete nudos. Se lleva al pie de una Ceiba a que se impregne de su virtud, y cuando se retira a las doce del día, se va con ella a la sabana y donde se encuentra un lindo toro le enseña la cazuela. Dejará que el Aura Tiñosa (Mayimbe), juegue también con ella. La bautiza. Esta Prenda puede llamarse Ndoki Infierno. Cuando todo está hecho el brujo le dice:

—Si es verdad que tú eres Ndoki Infierno ¡mal rayo parta a los Mayomberos!

«Cuando al brujo se lleva esta Prenda de la sabana, es un diablo.»

Para hacerse invisible el Mayombero ata fuertemente a un Gato. Llena de agua una cazuela nueva. La pone a la candela y cuando hierve el agua, mete el Gato dentro y cubre la cazuela porque lógicamente el animal trata de huir. A fuerza de hervir, los huesos se desprenden. Se deposita en una mesa. El brujo coloca un espejo frente a sí y como ya nos han explicado. coge cada hueso con los dientes, fijos los ojos en el espejo, hasta que no lo vé. Ese hueso se lo meterá en la boca cuando necesite hacerse invisible.

El Viernes Santo, el Mayombero «judío» le sacrifica a su Nganga un Gato negro.

Cuando un Gato golpea tres veces el suelo con su cola la casa se quedará vacía. Si se pasa la lengua, anuncia visita.

Para que no se marchen de la casa se les untan las patas con manteca de corojo.

Se cree que el pelo del gato produce alferecía y epilepsia.

Téngase por seguro que si un Gato negro salta por encima de la caja de un muerto, el muerto será vampiro.

Permítasenos decir que el Gato, y especialmente el negro, ha sido torpemente calumniado. En su defensa saldrán cuantos por experiencia son sus amigos. Y puedo dar fe, pues los conozco, que han sido inmejorables mascotas para muchos.

Y aquí nos viene a la memoria el estribillo de un loco inofensivo, viejo soldado español que fue a servir a Cuba en las postrimerías de la Colonia y se paseaba por las calles de Trinidad creyendo que era ¡en plena república! Capitán General. El pobre viejo canturreaba:

No quiero trato con mujeres
Pues ellas tienen un ratón
que viene a tentar mi gato.

GRILLO

Rey del Monte, llamaba al Grillo Verde una Madre de Palo que «trabajaba» con él.

—«Difícil de encontrar. Traen suerte, por eso le dicen también Grillo Esperanza. Cura el cuerpo y el alma.»

GUAMÁ

Caracol grande que empleándolo como bocina los ribereños del Cauto, anunciaban los peligros de una crecida.

Como todos los caracoles, los más bellos, grandes y chicos, el Guamá inspira temor al supersticioso.

Pertenece a la diosa del mar.

HORMIGA

Los Mina respetaban mucho a las hormigas, ejemplos admirables de laboriosidad, de sabiduría y buena conducta.

Las hijas de Ochún no las matarán aunque le invadan la casa.

El Hormiguero le pertenece a Babalú Ayé.

Allá en la China, eran símbolo de patriotismo y en el mundo entero están presente en las creencias de todos los pueblos.

Mensajeros de los Orichas. A pesar de ser tan virtuosas y observar como se ha dicho, una conducta ejemplar, los Mayomberos las utilizan, y ellas lo consienten, para enloquecer a sus víctimas.

—«La hormiga viene como una loca. Llega, ve un cachito de comida. un granito de azúcar, lo coge, lo suelta, camina, vira, cambia de rumbo. Y por eso al que se embruja con hormiga anda de acá para allá, sin rumbo.»

Una hormiga se le metió en un oído a Ayanakú, el Elefante y acabó con él. El Elefante estaba comiendo y como tiene por costumbre golpear en el suelo con una pata, destruyó un hormiguero. Mató al zángano y las hormigas supervivientes juraron vengarlo y una de ellas se le metió en los sesos abriéndose paso por el oído. El Elefante fue de un lado a otro tropezando enloquecido con la manada de sus semejantes hasta que los demás tuvieron que matarlo.

—«Tan chiquiticas, tan poquita cosa... ¡Respételas usted! Son mensajeras de los Santos. Por eso nuestros antepasados, las tenían en gran estima». (Lucumí y Ararás).

IGUANA

Se atrapa viva, el Mayombero la juramenta en la Prenda, le imprime a ésta mucha fuerza, y no se aparta de ella.

JAIBA

Se deleita comiendo los ojos de los ahogados.
Buena para maleficios.
No hay peor injuria para una mujer fea que decirle que «tiene boca de jaiba».

JUTÍA

Le pertenece a Changó.

Son autóctonas, aunque se les llame congas y carabalíes, congas a las de mayor tamaño, domesticables, carabalíes a las de rabo más largo y más ariscas, indomesticables. Existen otras variedades, la valenzuela, la mandinga, la Arará, etc.

Los congos le decían Kombé:

Kombé come tó palo
meno Siguaraya...

(Porque la Siguaraya envenena).

Una vez la Jutía fue a un hermoso arrozal a robar. Había allí guardianes que lo custodiaban y Jutía, precavida, se dirigió a casa del Babalawo que era un Jicotea que nunca salía de su ilé.

Jutía no le pagó la consulta al Babalawo y le propuso que lo acompañase al arrozal y se proveyese de arroz. Con el Babalawo-Jicotea vivía una cucaracha, y allá fueron todos. Empezaron a comer la Jutía y la Cucaracha. No dieron nada al Babalawo. Con las barrigas llenas, Jutía (Ekuté), se trepó a un árbol. Cucaracha se metió entre el arroz. Llegó en esto un Majá enorme, y le preguntó al Babalawo dónde podía encontrar una Jutía que debía ofrendarle a Eleguá. Babalawo-Jicotea se acercó al árbol donde estaba Ekuté, le hizo una seña, dispuesto a regresar a su casa dejando que el Majá actuase. Éste se apodera de la Jutía, se la entregó al Babalawo para que le cortase la cabeza y le diese la sangre a Eleguá.

A las Jutías se las mata con una maza de Changó. «No trabaja en Regla de Congo.»

LAGARTO

En un tiempo se vivía en la Tierra tan bien como en el Cielo...
—«Las jícaras solas se llenaban de comida. No era necesario trabajar, sudar, para sustentarse.»

Ese estado de cosas no hubiese variado; es más, la Muerte no iba a llevarse a nadie, cuando sucedió lo que desgraciadamente sucedió. Usted habrá oído que el culpable fue el Perro, pero fue el Lagarto y por eso, sin saber por qué, los niños y todo el mundo lo persigue.

El Lagarto le traía a la humanidad un recado de Sambía, de Dios.

—¡No morirán! tenía que proclamar el Lagarto pero se confundió y en vez de

—¡No morirán! les dijo:

—¡Morirán!

Y de ello se aprovechó la Muerte.

Antes, ya Dios lo había enviado dos veces a la tierra para que le informase: la primera vez la halló húmeda, la segunda se había secado y consolidado.

—«En una ocasión Lagarto, en compañía de la Jicotea, salió a buscar qué comer. Hallaron un pedazo de carne, tan grande, que Jicotea observó:

—»La verdad que no tenemos manos para cogerla, comámosla aquí, tu me das un pedazo y yo te doy otro. Y así compartieron la carne. Jicotea tomaba un trozo tan grande que al metérselo en la boca al Lagarto éste se atoraba, y ahí empezó a sacar un pañuelo del cuello.»

El Mayombero tiene al Lagarto vivo amarrado junto a la Prenda.

Juramentado, allí queda, porque el Lagarto llama al rayo. El brujo le pide que lo traiga y en la primera turbonada, un rayo parte a la persona que éste quiere.

Lo mismo que para cambiar la situación de una familia, el Lagarto se suelta vivo en la casa, haciéndole antes tragar cinco granos de pimienta.

En el pueblo del Perico, en Matanzas se les llama Chinchiguas.

LAGARTIJA

Atrae buenas influencias a las casas.

Indemnes al fuego: en un campo de caña incendiado todos los animales se queman. La Lagartija y el Lagarto o Camaleón verde se tornan amarillos, pero nada les ocurre. El fuego no los quema.

Los brujos las emplean para «ligar», amarrar mágicamente a una persona con la lengua de estos animales, una vara de tela blanca, media botella de aguardiente de Isla, dos raíces de apasota y el nombre de quien se va a ligar.

—«Para hacer daño la lagartija verde se coloca atada sobre un montón de limalla en el que se ha echado un poco de leche y así se deja el rato suficiente para que maldiga a la persona por la que ha sido presa. La limalla que esta mojada dentro de la leche también la maldice, de manera que ya la lagartija y el Imán la odian.

Después el brujo la suelta y le ordena:

—Trae la ira de Dios y llévala a Fulano de tal.

La lagartija va disparada a llevar el mal a quien se desea.

—«Los hombres al comenzar el mundo fueron lagartijas. Sus manos tienen dedos como las nuestras. Su piel como la de la serpiente, su pariente lejana se renueva.»

Son mensajeros de los Orichas.

En ella se introducen las almas de los muertos. Se dice que aman a los hombres y odian a las mujeres, como es el caso con las culebras de agua.

Nacen, como otros animales, cuando Changó truena.

Son muy sensibles a la música. Inofensivas, agradecen que se les trate bien, y consienten en dejarse domesticar, como las que vivían en el patio de la Quinta San José.

Pero si un chiquillo cruel, le arranca el rabo, como era en Cuba tan corriente, el rabo se retuerce un largo rato y como se merece el muy salvaje, lo maldice.

LANGOSTA

Para alejar a quien molesta, reducir a polvo la parte inferior de una langosta. mezclarla con vinagre y con polvos de la piedra en que se materializa el dios Eleguá.

Se le soplan a la persona indeseable.

LEÓN

—«Se sabe de él por los antepasados africanos. Si aquí se pudiese comer el corazón del León el criollo sería valiente...»

—«Era un animal hermoso y noble que residía en el pueblo y a nadie hacía daño. Pero la gente envidiosa de su majestad dio en repudiarlo y se quejó a Olofí. Olofí consultó con Orula, que vio lo que sucedía y decidió que el León permaneciera en el pueblo porque de lo que se quejaban era... que arañaba. Lo molestaban, lo azuzaban tanto que tras recibir injustamente una paliza se defendió arrancando una pierna a uno y destrozando a otro. Huyendo de la perversidad de los hombres, de su envidia, se internó en la selva y allá se ha quedado.»

A pesar de su fiereza es bastante ingenuo.

Una vez el Conejo, acechado por el León, fingiendo que sostenía una roca le gritó:

—¡Ay León, aguanta esta piedra que me va a aplastar; no puedo más!

El León olvida que está cazando al Conejo, y corre a aguantar la piedra. Escapa el Conejo, vuelve a su casa y el León continúa aguantando la piedra hasta que siente hambre y cree soltarla. La piedra, firme, no se cae y él se da cuenta que ha sido objeto de una broma.

No fue esa la única vez que le tomaron el pelo.

LOMBRIZ

Tiene grandes virtudes para hacer mal y se emplea en la preparación de un Bisonso o clavo para matar.

El hilo de la ropa del sujeto que se desea destruir se enreda en un clavo. Se raspan los palos que contiene la Nganga del brujo que realiza el hechizo y se introducen en un paño negro con un poco de esperma de vela, pólvora y yeso.

El nombre de la víctima y la lombriz, añadiendo un trocito de garabato de Cuaba y otro de Moruro.

El clavo se envuelve con todo esto, se invoca a la persona condenada y se pisa con el pie izquierdo. Se lleva de noche el pequeño bulto a una palma, se mira a una estrella, se clava el clavo con siete martillazos mencionando siempre el nombre de la persona y allí se deja.

De regreso a la casa, se disponen cinco o siete pilitas de pólvora ante la Nganga, se encienden, y éstas le dirán según el número de las que explotan, los días que tardará el hechizado en morir.

MACAO

No debe matarse. Se tiene vivo en la batea de Yemayá. ¡No es nada bello! El viejo Pichardo lo describe así: «figura de araña horrorosa, como una jaibita o cangrejito todo untado de una baba asquerosa, se viste de cubierta ajena, cuando pequeño se introduce en la concha de la babosa y según va creciendo viene a la costa a buscar habitación de mayor capacidad. Prefiriendo la concha cónica de la Sigua, cuyo animal mata y come ocupando luego su carapacho, con el cual camina invisible, como si la concha se moviese sola. Cuando se le aplica fuego por la cúspide va saliendo poco a poco de ella hasta desampararla enteramente. Si se enfría, el Macao vuelve a ella o busca otra.»

Se explica que para sacar a una persona de una casa se recurra al Macao.

El Mayombero busca uno. le da fuego al cascarón. A medida que el animal lo abandona se llama a la persona que se desea hacer mudar. Se deja vivo el Macao y se le dice:

—«Lo mismo que abandonaste tu casa, que Fulano o Mengana abandone la casa en que está metido.»

MANATÍ

Sagrado para los viejos ñáñigos porque lo era en la tierra natal de los Monina.

Muy valiosos los látigos hechos con piel de Manatí.

MANCA-PERRO

Utilísimo para el Mayombero que lo integra en sus «resguardos», mpakas, muñecos y makutos.
Es muy eficaz.

MARIPOSAS

La Mariposa vivía siempre en el campo. De colores vivos llamaba a todos la atención. Un día consultó a Orula y Orula le dijo:
—Piensas viajar y debes hacer ebó para que adonde vayas te hagan un buen recibimiento.
Incrédula, superficial e infatuada con sus lindos colores, Mariposa no hizo caso.
Llegó el verano y las mariposas se prepararon para ir a lucirse en los jardines de la capital. En bandadas las vieron venir los muchachos y al acercarse empezaron a perseguirlas y cazarlas. Desde entonces las atormentan y las matan.
—«Las mariposas no deben mostrarse en la ciudad». ¿Son almas? ¿Almas de jóvenes dormidas, que salen de su cuerpo? ¿O de brujas?
En Cuba se sabe que éstas a veces se aparecen en forma de mariposa, que las llamadas Brujas vienen a anunciar desgracia, muerte o ruina. Son unas grandes mariposas negras que en Oriente llaman Tataguas, y en La Habana como lo que son: Brujas.
No se olvide que los griegos creían que el alma tenía alas de mariposa.

MONO

Para muchos lucumí era un animal sagrado. Los Egbado e Iyebú decían que era Dueño de Oro, el Egún, un Espíritu, y que fue un mono rojizo, Iyimere, quien introdujo a Oro en tierras de los Yebú y los Egba. Oro es también una plancha que se ata a un palo y produce un ruido. Oro es un rito fúnebre que ya no se celebraba en Cuba. El Egún representaba en los velorios el espíritu del difunto.

El Mono es de Obatalá y de los Ibeye, los Santos Mellizos, los Dioscórides del panteón yoruba. Antaño los padres de hijos mellizos tenían un mono en la casa.

El Mono tiene potestad para convertirse en hombre. Así fue que tuvo amores con una mujer que le dio varios hijos. El Mono se vestía de cazador y la mujer iba a verlo al bosque. Allí jugaba con sus hijos y les tocaba un tamborcito.

—«El Mono es mayor que el hombre. El hombre fue su heredero. Fue el primero que adivinó con Ikis. (Semillas de Cola).»

Los Monos distraen a la muerte. Donde hay enfermos graves debe tenerse un monito de juguete colgando de la lámpara para distraer a la muerte y hacerla olvidar a lo que ha ido...»

—«El Mono es pariente de los Ibeye del cielo» (Ibeye-Oro).

En África creían que los monos hablan, pero que se callaban para que no los hiciesen trabajar.

El Mono es un personaje importante aunque mueva a risa y es muy desconfiado, desde que tuvo esta experiencia: Obatalá se había dado a la bebida. Bebía a un punto, que de nada se ocupaba, todo andaba manga por hombro, y el Mono alarmado, temiendo un desastre inevitable lo denunció a Oloff.

El Ser Supremo lo envió a buscar... pero antes de presentarse ante Él, tuvo la precaución de hacer ebó, llevó un güiro con ekó desleído en agua con azúcar, cuatro palomas, Owó la meni tontú... y Olofí bebió del güiro. El Mono quedó por mentiroso, ¡No!, Obatalá no bebía alcohol! y el Mono se dijo: ¡en adelante no me fío ni de mi cola!

—«Triste estaba la hija de Olofí; nada le llamaba la atención. La llevó a pasear su padre y ella vio al Mono de las Nueve Colas. La impresionó tanto que le rogó a Olofí que la diese en matrimonio al hombre que sin dañarlo, le cazase a aquel mono.»

Todos los cazadores fueron en su busca, pero ninguno lo vio. Mas uno de ellos consultó con Orula, e hizo ebó. Un hueso de jamón, flores, esencias , valeriana ,sangre y un cordel, le pidió Orula.

El cazador se bañó con sangre, arrojó el hueso en una loma y allí se acostó. El olor del hueso atrajo a todos los animales, y no tardó en aparecer el Mono de las Nueve Colas, que jugó con el cordel, se enredó en él todo el cuerpo; y el cazador lo atrapó. Se lo llevó a Olofí y casó con su hija.

El Mono es criado de toda confianza de Obatalá. Pero una vez que se ausentó Obatalá, el Mono desencorchó una de las botellas de Otí de su amo, se la bebió, se emborrachó y violó a la hija de Obatalá. Cuando Obatalá lo supo maldijo al Mono.

Es así que a la vez es un animal bendito y maldito...

(«Los monos eran hombres que un incendio les quemó las caras», pretenden los Mocorí).

Cuando Obatalá sólo comía lo que le cazaba Ogún, todos los animales de la selva le prepararon una trampa, Ogún se había subido a un árbol en el que vivía una Mona y desde allí vio la celada que le preparaban. La Mona, que estaba ausente, halló al cazador cuando regresó a su árbol. Ogún le habló y le contó lo que sucedía. En buena armonía con los monos, pues nunca los cazaba, la Mona se prestó a ayudarle. Una condición le puso: que a todos los monos se les permitiese relacionarse con los hombres, que huían de ellos o los perseguían. Aceptó Ogún. Descendió la Mona del árbol, buscó la piel de un mono muerto, vistió con ella al cazador, se lo echó a cuestas y salió del bosque burlando así a todos los animales.

Ya libre Ogún, la Mona le exigió que cumpiese su palabra y la llevase al pueblo. ¡Ay! pero la Mona, enamorada de Ogún, lo tuvo secuestrado unos meses, y en tanto Obatalá no comía lo que le brindaban los demás cazadores.

—En una época ya muy lejana vivía un matrimonio muy orgulloso que tenía tres hijas. Crecían las niñas e iban ayudando a sus padres en el campo. La mayor, a los veinte y cinco años, empezó

126

a perder el brillo y la alegría de la juventud. Los padres se alarmaron e hicieron venir a la curandera, que la examinó y sacó en consecuencia que la muchacha sólo necesitaba casarse.

La fama de orgullo que gozaba aquella familia alejaba a los pretendientes, y al padre, Ta Germán, no queriendo solicitar abiertamente un marido para su hija mayor se le ocurrió invitar a una fiesta, en la que a título de honor, el que más se distinguiese comiendo podía aspirar a la mano de cualquiera de sus tres hijas. No excluyó del torneo a los animales.

El Elefante, tan fantasmón, al saberse la fecha del festín, pasó tres días sin comer. Y llegó el día de lucir la capacidad de los estómagos y apetitos, y ni Elefante, ni León, ni Caballo, ni Buey, ningún gran animal, ni ningún gran hombre salió triunfante. Pero la antevíspera la Lombriz se había encontrado con el Mono y le había preguntado:

—¿No va usted, compadre Mono, a competir por las hijas del viejo orgulloso? ¡Qué lástima que mi estómago sea minúsculo, si no yo iría!

Se enteró así el Mono en qué consistía, cual era la finalidad de la fiesta y fue a buscar a todos los monos de la comarca. Los citó a junta:

—Compañeros, les dijo el Mono. Siempre los he servido, me he sacrifiicado por ustedes, no he faltado a un velorio ni a un entierro. Ahora los necesito. Van a comer por mí, uno a uno. Como todos nos parecemos como gotas de agua, Ta Germán, que consiente en casar su hija con quien se coma todo lo que él ha cocinado para su fiesta, no va a distinguir entre nosotros. Pidan permiso para beber agua en el arroyo quédense allí, túrnense, coman y que salga uno y entre otro.

—Convenido.

Fue el Mono la víspera a casa de Ta Germán.

—He oído hablar de su convite y vengo a ver si alcanza la raspa. ¿Cree que nadie se comerá toda su comida, Ta Germán? Pues mañana vengo con buen apetito.

Al día siguiente escondió su legión de monos en la cañada. Empezó a comer en todas las cazuelas. Canta. Tiene un pañuelo de encaje. Lo agita y pide permiso para beber agua fresca en el arroyo pues se atora. Vuelve y sigue comiendo.

—¿Puedo salir a beber agua?

—¡Sí señor!

Devora una cazuela entera.

—Permiso Ta Germán, para refrescarme la garganta.

—Usted lo tiene.

Y así pasan todos los monos y quedaron vacías las cazuelas.

—Voy a beber otro poco.

Regresa, raspa las cazuelas, se chupa los dedos de gusto...

—¡Ah, seguiría comiendo si hubiese más!

La hija de Ta Germán se casó con el Mono y fue muy feliz porque el Mono es muy amoroso y sabe mucho.

La especie Mono es muy unida y esta historia es buen ejemplo de ello.

No se le dice en vano ¡por Dios! a un mono. Por eso, una vez, el Tigre se detuvo bajo un árbol de mango cargado de frutos, y el Tigre no puede trepar. Por casualidad pasa por allí el Mono; el Tigre le dijo:

—Tú que eres ligero súbete al árbol y sacude la rama para que yo pueda comer estos mangos.

—Estoy de prisa, no puedo ahora, Tigre, se disculpó el Mono.

—¡Mono, sube por Dios!

Trepó, movió la rama, y llovieron los mangos al pie del Tigre.

El Mono desprendió uno de la rama y lo saboreó.

—¡Mono, suelta ese mango, atrevido, y apéate que te voy a arreglar!

Se quitó el cinturón para pegarle, pero el Mono se burló de él porque allí, sentado en la rama, Tigre no puede alcanzarlo.

—En un monte un Majá estaba preso en una cueva. Alguien había obstruido con una piedra la entrada de ésta y en vano silbaba y silbaba que nadie lo oía. Al fin un Mono que brincaba de rama en rama oyó que decía:

—¡Quítame la piedra!

Se acercó el Mono al lugar de donde partía la voz del Majá, que reconoció y le dijo:

—Si lo dejo en libertad y usted siente hambre, me comerá.

—No Mono, quedaré muy agradecido. No te comeré...

Tanto le suplicó al Mono que apartó la piedra y salió el Majá de la cueva. Enredó al Mono.

—¡Usted no debe comerme! gritó el Mono. ¿No me dijo que viviría agradecido de mí?

Pasó un Perro. Contempla aquella escena: el Mono enredado por el Majá, discutiendo y le explicó al Perro lo que ha pasado. Desde lejos éste replicó:

—No soy un juez pero el Majá debía soltarlo.

—Si usted, Perro, pasa siete días sin comer y se le presenta un buen bocado ¿usted lo desperdiciaría? ¿Qué debo hacer?

—Déjeme pensar, contestó el Perro, ¿Majá usted cómo estaba cuando pidió auxilio al Mono?

—Preso con la cabeza hacia abajo.

—Está bien, dice el Perro. Vamos a ver. Si desea usted que le dé mi opinión, si señor, veamos. Vuélvase a meter en la cueva.

El Majá se metió en la cueva.

—Compae Mono, le pidió el Perro al Mono. Súbase al palo, y olvídese del incidente. Y cuando vea a un arrastrado no lo ayude, que éstos pagan un bien con un mal.

Esta historia se le aplica también a otros animales en casos semejantes y en la sociedad humana es muy frecuente que deudas de gratitud no se paguen.

—Juntos vivían en buena amiganza, en la misma casa, un Perro y un Gato. Por desdicha para ambos, un día el Perro se comió la comida del Gato, el Gato lo arañaba y el Perro tuvo que abandonar la casa. El Gato resolvió ir al monte a ver a su ilustre pariente el Tigre y contarle de su desavenencia con quien había sido su mejor amigo; y por su parte el Perro habló con el León y le dio quejas del Gato.

El Tigre y el León acordaron ofrecer una gran comida a todos los animales y entre ellos invitaron al Mono y al Carnero, que eran excelentes amigos. Ni el Mono ni el Carnero asistieron al convite porque el Carnero pensaba que los animales grandes lo perseguían para comérselo vivo y el Mono que a él lo envidiaban por su agilidad para trepar a lo más alto de los árboles y comerse los frutos maduros. Se celebró el banquete y la familia del León se presentó de las primeras y ocupó el mejor puesto... Al llegar la del Tigre ésta se enojó porque su sitio era inferior. Además, los manjares eran insuficientes.

Comenzaron a disputarse y pelearon todos los animales menos el Elefante, que andando con su santa calma fue el último en llegar.

La escasez de los alimentos, sobre todo de los postres, se debía a que los Monos devoraban los frutos en la rama.

Olofí preguntó:

—¿Por qué pelean?

—Porque hay poca comida. ¡Dicen que los Monos se la comen toda!

Y Olofí mandó a buscar al jefe Mono.

Sabiendo los animales que el Carnero era íntimo del Mono, le prometieron muchas riquezas a cambio de que lo traicionase. Pero el Mono se había «rogado» la cabeza tres días seguidos, y Orula le había advertido que no saliese a la calle pues se le estaba preparando una trampa.

El Carnero se dejó convencer y fue a casa del Mono. La mujer del Mono le dijo que no estaba, pero el Mono escuchó la voz del Carnero que efectivamente había puesto una trampa en su puerta.

—Toma, le dijo el Carnero, te traigo estos cocos de regalo.

Salió y al ir a coger los cocos cayó en la trampa. El Carnero lo amordazó y se lo llevó.

Al pasar junto a una loma, el Mono invocó a Yánsa: ¡Yánsa Jékua jei! y bajó la diosa. Brotó fuego de la tierra, se espantó el carnero, soltó al preso, se quemó la soga con que estaba atado y el Mono se salvó.

Al presentarse el Carnero ante Olofí que sabía su traición, decretó que Ogún le cortase la cabeza.

Aunque hay mucha gente mona, simios, monos propiamente, no los hay en Cuba. Sin embargo hemos leído que en la Sierra Maestra, en las cuevas de Santa Bárbara, viven monos escondidos. Se llaman Andará; no se domestican. Los campesinos los comen y dicen que su carne es más sabrosa que la de la jutía. Son de color negro. En cautiverio se «emperran» y mueren.

La Condesa de Merlín habla en su «Voyage a La Havane» de haber visto —debió soñarlo— bandadas de monos, que en la finca de su padre iban a comerse las siembras de maíz.

Del Mandrí nos han contado viejos aborichas, que es un mono fabuloso de trasero rojo. El Caiga-Pilón es otro mico legendario de hocico muy largo. Es un ladrón de niños que se los lleva a montes vírgenes. Las hembras andaban, como las negras, con sus hijos a la espalda.

Los monos, repetimos, eran hombres que un incendio les quemó las caras, pretenden los Mocorí.

MOSCA

Un viejo nos dijo: «los celajes del Cielo son sus Moscas».

Ellas y los Mosquitos son mensajeros de San Lázaro, Babalú Ayé, el Dueño de las Enfermedades y en particular de la Lepra.

—Las Moscas invitaron a un sarao a las arañas y a las Jicoteas. ¿Qué se figuran las arañas, tan fanfarronas que caminan dándose tanto tono? Se dijeron Moscas y Moscones e idearon otra fiesta para engañar y burlarse de las Arañas Tonudas.

Dio la casualidad que la Araña Mayor y Ayapá, Jicotea, visitaron a Orula y éste les prohibió que asistieran a esa fiesta.

No hicieron caso las Arañas. Comparecieron muy retrecheras y cuando más contentas estaban, comenzaron las Moscas a arrojarles agua caliente y las Arañas a correr. Al inclinar la cabeza para evitar los chorros hirvientes se quedaron con la cabeza baja. Desde entonces se alimentan preferentemente de Moscas y persisten en declarar que han de acabar con ellas.

Sobre el origen de las moscas, aunque esto lo ignoran los cuentistas africanos, es interesante saber que la Mosca antes de ser Mosca fue una mujer bellísima, pero demasiado parlanchina. Rival de la Luna tuvo amores con Endimión, que era muy dormilón, y ella lo despertaba susurrando chismes y cuentos en sus oídos. Endimión se encolerizaba y la Luna la convirtió en Mosca. Y sigue molestando, zumbando y hasta picando.

—«La Mosca tiene un tamborcito atrás y otro delante. En la fiesta que Dios dio cuando fomentaba el mundo, la Mosca valseaba. Valseó en torno a la cabeza del Sapo.»

sí inéne sí ínene.

El Sapo dijo:

131

> *Sambía uya uya*
> *Sambía uyé uyé.*

Jicotea pidió que se tocara tambor.

> *Nguénguré kuté*
> *dale kuañongo ndale,*

Totí cantó:

> *Chin chin chin*
> *Sekerebó.*
> *Sekerebó kión*
> *Serekebó*
> *   kió kió.*
> *Sekerebán jió*
> *   chin chin.*

El Mono y la Babosa entonaron a la vez:

> *Abén beretú*
> *Tuyé tuyé*
> *Lamati lama*
> *Lamalá.*

Y todos los animales a una pidieron:

> *Eñénguré kuto*
> *Dale kuañongo*
> *Ndale...*

¡Qué repiquen los tambores! y los tambores incansables repicaron y los animales bailaron hasta caer rendidos.

> *Né né, suspiró la Araña*
> *Ñé ne ne...*
> *Como muémo yo...*

(Me duermo)

El Perro ya sin fuerzas preguntó:

¿Soyá mingó
Pembén leyé?

¿Quién me llama?

Irónico respondió el Venado:

Lama tí lama
Okere ó

Y Jicotea, que tanto había gozado en la fiesta, enamorado de una lechona, aún trataba de arrancarle la promesa de una caricia:

Asun mamá
¿Kín Kere yo?

MOSQUITO

Hay que decirles como aquel italiano un atardecer lluvioso en la Ciénaga de Zapata.

Mete la punzoneta
Chupa la sangreta
¡Má per l'amore de Dío
no me canta la canzoneta!

Tenía este italiano un producto, unos polvos, para exterminar las pulgas, que anunciaba así, elogiando su eficacia:

Cogili pulga
Abrili boca
meteli polvi
¡catali morti!

MULA

Cuando la Virgen y el niño estaban en el establo, la Mula por comerle el heno a la vaca molestó tanto a la Virgen, que Nuestra Señora la maldijo y por eso la Mula no tiene hijos...
(—¡Quién fuera mula! suspiró una curiela.)

MURCIÉLAGO

Es un lugar común que el Diablo tomó de preferencia, para volar, la forma de un Murciélago. Viste capa negra, y su antifaz, es el de Lucifer. De día cuelga esta indumentaria en los vanos de los techos y de los campanarios de las iglesias abandonadas.

—«Hay en el Murciélago un secreto muy profundo.»

»No sólo el Diablo, también los muertos sin paz y los brujos se materializan en los Murciélagos.»

Coincidían muchos viejos en esta creencia, que sustentaban los babilonios y muchos europeos.

Auguran desgracias.

Un «trabajo» que se hace con Murciélago confiere invisibilidad al dueño del amuleto que lo contiene.

Éste, se hace con corazón de Murciélago, de Gallina negra y de Rana.

Los brujos —Ndokí— como se ha dicho se sirven penetrando en ellos (en alma), para volar.

En los principios del mundo no había noche. Una claridad perenne le permitía a los hombres ver en lo más recóndito de un bosque espeso, hasta el día en que el Creador llamó al Murciélago, le entregó un saco, que cerró cuidadosamente y le ordenó que lo llevase a la Luna. El Murciélago se puso en camino. El viaje era largo. Se olvidó de comer y las fuerzas empezaron a faltarle. Se sentó a descansar poniendo a su lado el saco mientras pensaba dónde hallaría algo que comer. Se acercaron varios animales, vieron el saco y se llenaron de curiosidad.

¿Qué contendría?

Lo que Babá había encerrado en él, era la oscuridad, y al entreabrirlo uno de ellos para mirar, comenzó a salir una sombra negra que rápidamente cubrió la tierra y el cielo en toda su extensión...

135

Cuando el Sol se pone vuelan los Murciélagos con el propósito irrealizable de recoger la oscuridad, meterla bajo sus capas y llevársela a la Luna, como Dios le encargó a su Ancestro. No les ha sido posible realizar esta empresa de cuya dificultad nos hacemos cargo.

De las víctimas de brujerías que se hacen con ellos, se dice que pueden salir Murciélagos de sus bocas como éstos salen de las cavernas.

A los Murciélagos les encanta la cabellera de las mujeres, y donde los hay, es menester que éstas cuiden que no se les enrede en el pelo.

Sus huesos, en polvo, mejoran la vista debilitada, y se ve en la oscuridad. Si a un niño se le da a comer uno, jamás se embriagará cuando sea hombre.

Es un remedio eficaz contra la epilepsia cuando la Luna está en menguante.

Las almas de los muertos suelen escogerlos y los brujos, los Ndokis, van en ellos de noche a chupar sangre humana. Son vampiros estos brujos, aunque se diferencian del clásico vampiro en que éste es el mismo muerto que sale de la tumba y a la hora en que todos duermen penetra en las casas a llenarse de sangre. Al primer canto del gallo vuelven a su tumba.

Que jamás, lector, te muerda uno, porque cuando Dios te llame a su seno, y quedes solo en tu sepultura, allá en el cementerio del país en que te entierren, ya en la primera noche de tu deceso, todavía frescas las flores sobre la losa, la levantarás porque te habrá hecho vampiro, y saldrás a buscar sangre.

Sólo sometiéndolo al fuego se destruye un cadáver de Vampiro. El niño que nace con dientes tiene probabilidades de ser un futuro Ndoki.

Y también se dice que si un Murciélago vuela sobre un féretro, el cadáver que lo ocupa será Vampiro.

NOVILLA

A Iroko y a otros grandes Orichas se les sacrifican novillas.

Antaño durante la molienda cuando no llovía, el Amo o el Mayoral llamaban al Brujo principal y le decían:

—¡A ver qué haces!

Se sacrificaba una novilla a un Oricha lucumí o a un Nkisa de los Congos, y atraían la lluvia.

(Contado por el viejo Alfonso del Central Cuba, en Pedro Betancourt, Matanzas).

PÁJAROS

Son de temer los que viven en las cuevas.

Unos chillan, otros tocan la flauta, otros hablan y todos cantan.

Es una creencia popular y universal, que hablan. En Europa, en Oriente, en África, en todas partes. Revelan secretos impenetrables al que los entiende.

Ya hemos dicho que con frecuencia los espíritus asumen el aspecto de un pájaro —el mismo Diablo, se vale de su forma para atacar.

Algunos, a semejanza de las Ranas, anuncian lluvia, tormentas, desgracias y muertes. Ni faltan los fantasmas que como los Murciélagos de los babilonios, roban joyas. De algunos pájaros se cree que nacen en el mar de un madero que flota entre las olas.

Hijos del Cielo, los pájaros tienen una gran fe en Dios, que los ampara. Cuando llueve no se mojan. Conocen la virtud de las yerbas, y perciben desde muy lejos las intenciones aviesas de los hombres.

Sobre los pájaros nos han contado que en *illo tempore* Olofí los citó a todos a una Junta.

Llegaban, se posaban en sus puestos, y entre ellos, un pájaro blanco bellísimo encendió la envidia de aquella pajarería. Le arrojaron ceniza, almagre, tinta, ekó, pero esto no hizo más que transformarlo y hacerlo mucho más lindo. Olofí lo bendijo.

—«En un país de pájaros sus gobernantes sólo duraban un año: no vivían más.

Consultado el dios Orula por el rey le hizo Ebó con un árbol untado de manteca de corojo y un chivo.

—Sube a este árbol, le dijo el Adivino, y duerme en lo alto de él.

Obedeció. Las hormigas subieron a matarlo, pero perecieron pegadas al árbol.

Este rey pudo reinar más de un año.»

—«En la tierra de Changó atraparon un pájaro hermosísimo. Lo enjaularon. Le daban de comer, y el pájaro bellísimo, volvía la cabeza a un lado y otro y repetía ¡ay mi casa! y no se alimentaba. Así pasó tiempo e iba a morir de hambre. Decidieron averiguar por qué se negaba a comer.

Los habitantes del pueblo llevaron hebras de hilo, las junta-ron y se las ataron a una pata para saber adónde iría. Voló a la laguna. Allí bajó alegre, abriendo las alas, sacudiendo la cola.

Los que lo siguieron vieron que en mitad de la laguna, había dos palos que formaban una cruz y que a ella fue a posarse.

Lo cogieron, se apropiaron de la cruz, la metieron dentro de la jaula y el pájaro comió. Lo conservaron muchos años, contento, posado en la cruz.»

—«Una mujer era dueña de un pájaro maravilloso que daba leche con la que sostenía a su familia.

Los niños lo descubren. Juegan con él, se hartan de leche, lo sueltan en la selva y no pueden recobrarlo; se presenta una tor-menta terrible que arranca los árboles de raíz, y un ave de alas inmensas acude a protegerlos. Nada les ocurre a los niños. Cesa la tempestad y el pájaro los conduce a sus casas bien alimenta-dos y sanos y salvos se los devuelve a sus padres.»

—«Huía un hijo querido de Ochún perseguido por los pájaros que lo castigarían con dureza. Ochún lo escondió en su casa. Se enteraron los pájaros y fueron a prenderlo, pero fueron ellos los que quedaron presos: Ochún había untado el suelo de liria.

Le rogaron entonces que los dejase libres, que no persegui-rían al delincuente. En lo que consintió Ochún a cambio de que callasen el delito de su protegido, y untándoles las patas de miel, se despegaron.»

Bebiendo la sangre de una serpiente blanca o negra se entien-de el lenguaje de los pájaros. (Y de todos los animales).

AGUAITA CAIMÁN

No peca de graciosa; zancuda y desgarbada reside en lagunas y pantanos.
Para darle un poco dé realce llamósela la Butorides Virescent Maculatos, Ordea Viresceus.

ALCATRAZ

Se le ve en las costas y playas de La Habana y de Matanzas, donde en su parte norte son numerosos, así como en Santa Clara y Camagüey.
Está al servicio de Yemayá.

ARRIERO

Los santiagueros lo conocen con el nombre de Guatoica.

Mensajero de Lukankansa, del Diablo, anuncia como un reloj las horas, las medias y cuartos de hora del día y de la noche.

El que se hace de un nido de Arriero posee un tesoro. Las pajitas del nido tienen un gran poder mágico destructivo. Un cigarro compuesto con la basura de su nido enloquece a quien se le da a fumar.

Para enloquecer a las mujeres y «desbaratar» se utiliza un huevo de Arriero, y se «trabaja» sobre una Nganga tres días consecutivos.

Esta ave, a las diez de la mañana en el monte, ve al Enemigo.

Es el reloj del dios Osaín y la mejor ofrenda que se le pueda hacer.

—«Cuando se le lleva a sacrificar se le canta. A cada animal se le canta pronunciando su nombre. Al Arriero le sacan la lengua, la pican de un lado y su sangre se derrama sobre Osaín», pues para hacer un amuleto, un Osaín que hable, o un Chicherekú —muñecos parlantes de madera que andan de noche cumpliendo órdenes del Babaocha y del Balalawo— la sangre del Arriero es fundamental.

BIJIRITA

Zónguila, Nzónguila la llaman los congos:

—«Nzónguila túnda Malafo, quiere decir que la Bijirita bebe aguardiente de corojo. Y así, con aguardiente las cazan los brujos.

La Bijirita se toma el aguardiente. se emborracha y cae al suelo.

Con Cotorra, Tórtola y Jicotea se fabrica un Osaín Congo (un amuleto) de primera.»

CANARIO

Todas las hijas de Ochún deben tener un Canario en la casa.

Si el Dilogún —los caracoles que auguran— se lo indican no debe tardarse en adquirir uno.

No sólo los hijos e hijas de Ochún han de poseer Canarios.

Una pluma de la cola de este pájaro o la más larga del ala, es un buen «resguardo» para llevarlo en la cartera.

La pluma del Canario se emplea en Cambios de Cabezas (transferencia de una enfermedad, de un daño —o de la muerte— a un animal o a un objeto).

Realizado este rito, el pajarito se deja en libertad.

—«Ochún se deleita escuchando el canto del Canario.»

CAO

Es un ladrón. Roba cuanto encuentra. A quien tiene este mal hábito se le dice: ladrón como el Cao.

Oculta lo que roba y lo hace con mucho disimulo. Si su robo se descubre abandona la casa y dice ¡Cao! ¡Cao!

Es flaco, patilargo y nervioso. Les gusta comer insectos, cucarachas, grillos y no les arredra el alacrán.

CARAIRA

Antes que Mayimbe, el Aura Tiñosa, se coma un cadáver, la Caraira le pica los dos ojos al muerto. Su pico, que semeja una cuchara, se lleva los ojos enteros. No come otra cosa. Su vuelo y su vista son prodigiosos. No se sabe donde vive. ¿En los huecos de los árboles?

No vuela en bandadas.

Es el médico de las Auras. Por eso el brujo la introduce en su Nganga para curar a sus clientes.

—«La Caraira es la Reina de las Auras Tiñosas. Es blanca. La primera que come cuando encuentran un cadáver». Las negras le rinden pleitesía. Son muy corteses unas con otras. Y muy unidas.

Observan una dieta asquerosa a base de carroñas.

Va a las lagunas a comerse los peces muertos. Sin embargo también comen cadáveres frescos. Gundlach observó una que cazaba a un Ibis blanco al que dio muerte.

CARDENAL

Un presuntuoso. Se jacta de su plumaje rojo, como un Rey de su parasol, y de su pluma un loro. Donde quiera que se presenta quiere que le tributen honores.

Quien venere a Odúa tendrá un Cardenal. No canta.

CARPINTERO

Cuando el Carpintero llama a todos los pájaros, le responden, porque es su jefe. Para construir su nido cada uno le regala una pluma.

Su lengua es inapreciable para amuletos y talismanes de ladrones. La emplean mucho los Mayomberos.

—«Kó kó seberé nacho nacho akoiko aikó kó akó kó...»

Era una doncella bellísima que tenía muchos enamorados. Ella dijo algo muy justo:

—Puedo querer a uno pero no a todos.

La asediaban, no la dejaban en paz sus pretendientes y le dieron parte al Gobernador.

¿Cómo hacer para que se case la muchacha bonita?

El Gobernador intervino y dispuso que marcasen unos surcos con cordeles en un gran espacio de terreno, y el que primero llegase guataqueando al fin del surco se ganaría a la jovencita.

Un domingo antes de aclarar comenzaron a guataquear. A las dos había empezado el Elefante y marchaba hacia el fin.

El Carpintero en el monte oyó hablar de aquel certamen. Acudió y se posó en un surco que ya estaba abierto: Cantó:

> *Lerín lerín sakuyé*
> *mi yá wá sín sakuyá*
> *Mi nganga sin koyín kiyón*
> *sa kuyén roko ko ín*
> *mi nana sín koyín koyón*
> *sakuyén*

y guataqueando y cantando alcanzó al venado y a otros concursantes.

Le gritaban:

—¡Lárguese de aquí relamido!

Y seguía guataqueando y guataqueando.

Lo vio el Buey Cimarrón:

Lo maldijo:

—¡Carpintero, ojalá se te parta la Guataca! y al decir el Carpintero: koyín koyón kón keón, ¡ay! la guataca se rompió. Pero como era carpintero, la arregló y continuó:

Kón kón koyín

y llegó junto al Elefante que guataqueaba solo.

—¿Qué haces aquí? le preguntó el Elefante.

—Yo tá purao. no me jabla Lifante, contestó el Carpintero, que los dejó atrás a todos y cuando dio el último guatacazo, el Carpintero se ganó a la doncella.

Indignados todos los contrincantes arrojaron al suelo sus guatacas y el campo se llenó de ellas.

Ahora los pájaros envidiosos se abalanzaron a quitarle su mujer al Carpintero victorioso.

Sébere koko nacho
akokó akokó akokó

El Carpintero se la llevó a un árbol, hizo en el tronco un agujero, la escondió y tapó el hueco con unas ramas. Mas no tuvo tiempo de marcar el árbol y olvidó donde la había guardado.

Desesperado empezó a buscarla... kó kó kó... e inútilmente golpeaba y abría huecos con el pico en todos los árboles, hasta en el Júcaro.

Le preguntaban.

—¿Y tu mujer?

—¡Se me perdió!

Y hasta hoy, que no la ha encontrado, continúa buscándola.

CAYAMA

Se encuentran, si no han emigrado también de la desdichada Cuba comunista, en Cárdenas, en Cienfuegos, en la Ciénaga de Zapata, y en la Bahía de Cochinos de triste memoria.

A la Cayama, se la conoce en los círculos científicos por Mycteria America, Linn.

Es calva. Se esmera en la fabricación de sus nidos, combinando artísticamente los palitos que emplea. Sólo pone dos huevos y se alimenta con peces pequeños.

CERNÍCALO

Como el Camaleón, a las doce del día besa la tierra.

El macho ostenta en su cola el color de Changó (Rojo). Come pollos.

COCO-BLANCO

(Ibis. Bara Alba, Linn).

Ya hay pocos. Son de Obatalá. Visitaron, estando yo presente, el Central Cuba, y honraron con su presencia un inmenso Ylang Ylang.

CODORNIZ

Gusta mucho a Changó. Con ella, Gallo y ñame se obtiene de este Oricha el favor que se le pida.

También se le ofrenda a Ochosí.

Lo mismo que se hace con el Arriero, se le pone una Codorniz viva en cada pata al carnero sacrificado, comenzando por la derecha delantera, y luego la trasera, y después siguiendo el mismo orden en las patas izquierdas, delantera y trasera.

CORÚA

Habitan en lagunas y estuarios. Iban a Cuba de la Florida. Se las veía en los Cayos desde Batabanó a la Isla de Pinos.

—«Las Corúas son de encargo. ¿no oye usted cuando se dice de una mujer que está hecha o que es una Corúa?»

Tiene el pico recto y curvado en la punta. Anadea. Hábil pescadora.

—«Se han hecho con ella buenos trabajos de Santería.»

—«Yo no diría que es cubana, sino que es turista, otra pata de la Florida».[1]

COTORRA

Su pluma le sirve al brujo para causar un bien o un mal. «Dios les puso en la lengua don de palabra.»

—«Una cotorra cuidaba de un garito de jugadores. Cuando uno de ellos traía a un ingenuo para desplumarlo la Cotorra lo anunciaba desde el balcón de la casa que ocupaba el garito.

—¡Es el verraco! ¡Un verraco!

Y sin miedo, los tahúres le abrían su puerta. Un día un policía se vistió como aquel hombre que la Cotorra había calificado de verraco, la Cotorra se confundió y el Policía... también se la llevó presa.»

Patriota era la de un carnicero que cuando la guerra de Independencia, en La Habana, gritaba:

—¡Arriba, viva Cuba Libre! ¡Al machete!

—«Un bodeguero dejaba solo el mostrador mientras iba a almorzar, y ponía en éste a una Cotorra en su jaula. Si alguien entraba a coger algo la Cotorra gritaba:

1. Pato de la Florida, se les llamaba a los turistas americanos.

—¡Déjelo ahí!

Si era un negro.

—¡Déjelo ahí, negrito!

Avisaba siempre:

—¡Ahí hay uno!

Y el bodeguero, acudía a tiempo a defender su mercancía.»

—«Don Ladislao tenía una Cotorra y se le escapó. Pasó tiempo y fue a cazar. Para vaciar su pipa en el campo, la golpeó contra el tronco de una palma y enseguida escuchó:

—¿Quién es?

Volvió a golpear y vio asomar una pequeña cotorra que dijo:

—¡Mamá si es Ladislao!

Esto lo contaba en Santa Clara un mentiroso, un viejo embustero, aunque la Cotorra que perdió Ladislao era notable.»

La Cotorra era uno de los grandes entretenimientos de las mujeres cubanas en tiempos de la colonia, cuando no salían de sus casas. Se las enseñaba a hablar y a cantar.

—«La Cotorra de mi madrina aprendió a decir:

—Teresa pon la mesa. Si no hay pan, pon tu cabeza.»

Demasiado conocido era el repertorio de estas cotorras, que con las flores de los patios, los pájaros y las labores de aguja ocupaban a nuestras abuelas.

«Cotorrita del cotorroto
vestida de seda y el manto roto»

En magia, la pluma de la cotorra sirve para cuanto se quiera.

LORO

Obatalá iba a enfermarse. Bien que se lo advirtió Orula. Debía hacer ebó con un Gallo y cuatro Palomas blancas. No le hizo caso y Obatalá enfermó. Se baldó y para curarlo Orula pidió dos Gallinas, ocho Palomas blancas y tres plumas de Loro. Changó prendió fuego; todo ardía, mas al ver a Obatalá con esas plumas de Loro, sofocó el fuego.

—«Olofí ordenó que toda persona importante luciese en su cabeza una pluma de Loro.»
Una pluma de Loro es un signo de distinción.

«Cierto Alcalde Mayor dio una fiesta y todo el mundo llevó a ella frutas y viandas para venderlas en mostradores. Llegó un hombre con un cesto y lo colocó en su mostrador. En vez de atender su venta, se dedicó a ayudar a una mujer bonita que vendió mucho gracias a aquel hombre que era muy enamorado.
Llegó la hora en que terminó la fiesta y el hombre recogió lo suyo, lo guardó en un jolongo, y en prueba de su gratitud, la mujer al despedirse le regaló unos dulces.
—Yo la acompaño, le dijo el hombre cuando iba a marcharse. La mujer se colocó su tablero en la cabeza y tomó el camino que conducía al cementerio. Allí la mujer dio una vuelta y se detuvo junto a una fosa.
—Gracias, le dijo ella. Ya es hora...
—No, dijo él. Yo seguiré acompañándola.
—Bien, entre en la fosa.
La mujer era la Muerte... Ella se metió dentro de la tumba y le gritó:
—¡Empuje!
Y el hombre penetró, no en una sepultura, sino en una cueva.

Cerca estaba un Loro. El Loro le interroga:

—¿Qué haces aquí?

—Acompaño a esta señora.

—Vete, hombre. Esta mujer es del Campo Santo. Es una muerta. La mujer se enfurece. Fue a agarrar al Loro. Saltó el Loro y en eso el hombre escapó y volvió sin resuello al pueblo.»

—«Para daño seguro plumas de Loro, Aura, Pitirre, Gallo rojo, Cernícalo y Totí. La mitad de estas plumas hechas polvo se da a tomar al sujeto de este maleficio. Con el resto se hace un bulto, se coloca por donde tiene que pasar y se dice: ¡mal rayo te parta, Fulano de tal!»

CUCO

Para borrar la memoria. Contra suegras que envenenan la vida de sus nueras o yernos.

—«Este pájaro no empolla ni cría.

Pone sus huevos en el nido de otros pájaros para que los saquen. No conoce a sus hijos.

Es adúltero.

El Diablo y los fantasmas toman su forma.»

Es oráculo.

—«Malo de nacimiento. Los brujos cuentan siempre con él.»

Su canto es de mal presagio. Anuncian lluvia y cambios en el tiempo.

CUCHARETA

De día se la ve en el mar, de noche en los manglares. Es un ave de paso y entre sus semejantes: «tiene fama de meter la cuchareta en todo lo que no le importa».

CUERVO

Ente de la noche. A veces vuela en él escondida el alma de un asesino.

Avisa desgracias; su graznido es indicio de una muerte cercana. Es Ndoki. Come los ojos de los muertos.

FLAMENCO

Hay varias especies en Cuba. Los de la Florida son de origen cubano.

GALLINUELA

Si por descuido se dice: ¡Mírela! no verá más a una Gallinuela. Es azul, coronilla blanca, y en el buche guarda una piedra maravillosa. Al mentarla arroja fuera esta piedra que es un resguardo infalible para los que huyen de la justicia. Los hace invisibles.

GANSO

—«Lo come Yewá, porque el Ganso no quiso hacer Ebó. No se le sacrifica con cuchillo y antes de ofrendarlo a la diosa se lleva a una sabana a que corra.»

GARZA

Las había en la Bahía de Cochinos.
La Garza azul, muy corriente en Cuba, y de origen floridano, va a los campos en busca de insectos y lagartijas.
Es de Yemayá.

GAVILÁN

Lo emplean mucho Osaín y los Mayomberos en la confección de sus hechizos.

Sus plumas adornan a Osaín: Cuatro plumas cruzadas con telas punzó, negra, azul y blanca.

GOLONDRINAS

—«Sagradas, benditas por Dios porque le quitaron las espinas al Señor, el día de su crucifixión.»

No hay buen cristiano que las mate por ese motivo.

Van muchas a la ciudad de Trinidad y si anidan en una casa le llevan suerte a sus moradores.

Los brujos malvados para enloquecer a una persona le arrancan la cabeza a tres pichones cuando aún tienen los ojos cerrados. y con el hígado de un perrito recién nacido y tierra del cementerio, todo hecho polvo. se le da a beber en el café.

GORRIÓN

Dice: Wiri —mira— (en bantú).

—«El Gorrión, que es muy paluchero y echao pá lante, le declaró la guerra al Elefante. Lo desafió. El Elefante se quedó estupefacto:

—Bueno, peleemos.

—Te ganaré: anda y come bien y no digas que perdiste porque estabas débil, y para que te vayas al otro mundo con la barriga llena. Esto le dijo el pajarito al Elefante, que se rió a carcajadas.

El Gorrión recogió unas piedras rojas, las molió, e hizo una crema. Las echó en una jícara, depositó arcilla y yeso diluido en agua en otra jícara y hulla en una tercera.

El Rey de aquel país, seguido de todos los animales, fue a presenciar aquel duelo. El pajarito declaró: ¡estoy listo! Adelante. Llevó las tres jicaritas a la cabeza del Elefante, que se ríe y le lanza la trompa para agarrarlo. Gorrión la evita, revolotea en torno, Elefante no puede cogerlo, y él se le esconde en una oreja. Le hace cosquillas. Ríe el Elefante. Vuela el Gorrión. Ahora frente a sus ojos el Elefante se da trompazos en ellos, y cuando el Gorrión advierte que está atolondrado, le derrama en la cabeza el líquido rojo y corre a decirle al Rey que envíe a buscar al curandero pues el Elefante está herido. El Rey ve la sangre.

—¡Qué vergüenza! comenta, ¡dejarse vencer por un pajarito!

Furioso el Elefante, al que no le duele nada, se palpa la frente con la trompa, constata que está ensangrentada y a trompazos al aire, sin poder alcanzar al tunante, que siempre se le escapa y le grita: ¡te voy a romper el cráneo! ¡Se te saldrán los sesos! le arroja el líquido blanco. Vuela junto al Rey y le dice: el Elefante ha querido continuar peleando, aunque le advertí lo que iba a ocurrirle. Que lo vea el Curandero ¡se le están saliendo los sesos!

—No me duele nada, repetía el Elefante, y quiso seguir luchando.

Revuelos y más revuelos, Gorrión le vierte el líquido negro.

—Ya no puede más, está liquidado, cuanto le sale de la cabeza es negro.

Era evidente. Nadie sospechó el engaño y el Elefante se dijo:

—Ahora tengo que morir. Seguir viviendo sería vergonzoso. Y se rompió la cabeza contra los árboles.»

GUACAICA

Es pájaro de vuelo bajo y plumaje color canela claro.
No desafía las alturas como la Tiñosa.
Le pertenece a Ochún.

GUANABÁ

También es una habitante de la Ciénaga de Zapata. Tiene corona amarilla. Es de Ochún y de Yemayá. Los guajiros la comen.

GUARIAO

Ave de los pantanos.

—«Se le saca el corazón, el hígado, los menudos, se le arrancan el pico y las uñas.»

El pescuezo se corta en tres pedazos. Se guinda el ave a secar al sol, y una vez seca. se pila en un mortero. Hecha polvo se mezcla con Clavellina, Guamá, Yaya, Guayacán y Caja, se lavan con los polvos del Guariao, y se echan en una cazuela con tierra del cementerio, de un cuatro caminos, agua de río, de mar y de pozo. Las tierras, la del cementerio y del cuatro caminos no se mezclan, se ponen separadas en la cazuela. Se escarba un bibijagüero y a la media noche, se tienen las yerbas necesarias, y se vierte el contenido de la cazuela. Un Gallo indio o negro vivo se coloca sobre ésta, y Gallo y cazuela se entierran en el bibijagüero. Allí se dejan veintiún días, al término de los cuales se desentierra. Si hay una res amarrada, un toro, se la enseña al Guariao y éste se deja cerca de la res. Se le echa íntegra una botella de aguardiente a la cazuela, que se llama Brazo Fuerte.

Se le dice:

Wanga Ngombe dián finda musé musé Nganga Luweña Ndiambo Naní... (Coge ese toro que es tu primera comida aunque te valgas del Diablo). Allí se deja la Prenda. Al día siguiente, la res (el toro), amanece muerto.

Quien sea dueño de esta Prenda se tapa media vista con un paño negro al salir el Sol, pues la Caraira, médico de Mayimbe, hasta que no se lleva los ojos de un muerto, Mayimbe (el Aura Tiñosa), vuela en torno a él pero no lo come. De manera que antes que llegue la Caraica es menester poner la cazuela junto al cadáver del toro: y dicen que dice Caraira: Insambí rire licencia Toto Ntoto luweña Ntoto Nsambián-púngo, que así pide permiso para comer y mira.

La Caraira desciende, la contempla y dice:

Nganga Nfumbí nkuyo Vrillumba tu Kuenda Mayimbe Musi Musi Mboba ntoto Kuna Mensu mensu ríri, mensu ndoki Kuenda Bafiota Ngueye.

GRULLA

Buen guardián de objetos.

—«Pelea lanzando piedras a los ojos de animales intrusos.»

Su tamaño es de dos pies y seis pulgadas. Su pescuezo es largo.

—Según los Congos, había dos pájaros, cuando Cristo, Sambi, estaba en la tierra, que Él condenó. Eran el Judío y el Arriero. El Judío fue el veedor, centinela, en los distintos sitios en que durmió Nuestro Señor. Por culpa de los piojos, el Judío se vendió al Arriero, que es muy piojoso. El Arriero le dijo: si tu vendes a Cristo, yo te quito los piojos. El Arriero era del Enemigo Malo. Aceptó la proposición el Judío y le dio todos los datos sobre los árboles que él ocupaba, y cómo alertaba cuando aparecía un enemigo y así el Señor saldría cuando había peligro.

Pero como el Señor tenía potestad para saber cuanto pasa, supo que el Judío lo había traicionado con el Arriero, que había hecho un trato con él, para entregarlo. Jesús anticipó la hora de su entrega, y las diez de la noche que era la acordada, fueron las diez de la mañana.

Llegó Satanás y encontró al Arriero dormido y le entró a cuerazos; por eso el Arriero grita y se revuelca en el suelo. Lo que supo al punto Jesús, llamó al Judío y le dijo: por haberme vendido, no tienes lugar en mi reino y de ahora en adelante llevarás el nombre que te mereces... ¡Judío!

Antes este pájaro no se llamaba Judío.

Se utiliza en magia negra. En un Asiento de Obatalá se le sacrificó un judío al Eleguá de la Iyawó (iniciado).

—«¡Qué escándalo! el Judío es para hacer daño y con Obatalá no se puede andar con nada negro.»

¿Por qué el huevo del Judío presenta dos colores, blanca una parte y otra azul?

Misterio,

—«El Judío era un pájaro enemigo de todos los pájaros. Éstos celebraban una Junta para unirse todos en amistad.

»El Judío era azul. Se pintó de blanco para asistir a la junta, a dar su palabra y no cumplirla. Al jurarse fidelidad unos pájaros a otros, él juró y no juró en su conciencia. Dios lo vio; lo condenó a que no se bautizara y quedara judío.»

—«El 24 de junio, el día de San Juan, al Judío se le llena la cabeza de bichos. Eso es obra de Dios para defenderlo, pues es muy manso y que al inspirar asco la gente no lo cogiese. Cuando alguien no tiene apetito, se le abrirá con un caldo de judío. El come garrapatas.»

LECHUZA

Le pertenece a la Muerte. Mensajera o criada del brujo. o el mismo brujo en alma. El Diablo también mora en ella. Asociada, además a Yewá, a Naná, a Oyá y a Ochún en su avatar o «camino» de hechicera.

Las almas que arrebata las lleva al Infierno.

—«Naná es Lechuza blanca y Santa terrible.»

Aunque esencialmente mala, puede mostrarse bondadosa con quien quiera.

Pájaro de brujos y muertos, van a lugares desiertos, a cementerios, y cavan en las fosas.

Cuentan que para vengarse del fiscal que lo sentenció a muerte, el poeta Plácido, cuando agonizaba, se le presentó como le había anunciado, en forma de Lechuza. El fiscal gritaba que una Lechuza, que era Plácido, volaba en torno suyo. El poeta le había advertido: yo no tendré remordimientos a la hora de la muerte, porque muero inocente. Usted sí y yo vendré a perseguirlo en forma de lechuza.

¡Y así fue!

Nunca deja de presagiar desgracia su graznido sobre todo en la casa donde se posa.

Les deleita el aceite, y lo robaban en las iglesias.

Cuando alguna se cruce en nuestro camino se le dirá: ¡Sola vaya! O mejor: «no decirle sola vaya, sino silbarle y con respeto. Por eso los viejos le silbaban». Y porque Osaín trabaja mucho con ella, le silban y la llama también Osaín, pues entraña la idea de una brujería.

A la Lechuza le encomienda Oyá todos sus mensajes y las respuestas que obtienen.

—«Si una se atraviesa en su camino, regrese a su casa: le está avisando que más lejos hay peligro. Si cruza en silencio, no se detiene, es que va de paso, no hay peligro. Si la ve en la casa de un enfermo y chilla, es que ha ido a anunciar que aquél pronto morirá.»

—«Son muy sabias... Fíjese que a los que leen mucho y aprenden mucho se les pone cara, expresión de Lechuza.»

—«La Lechuza fue a la fiesta de las Gallinas, Palomas y Guineas. Dijo que se llamaba Don Perico. Bailó con todas, y estaba en combinación con el Pavo Real para ocultar su identidad, pero éste le habló al Gallo, que se fue de chisme. Se complotaron para que el día lo sorprendiera en el baile y se viese lo fea que era. Amanecía, el Pavo Real no se lo había advertido, la Lechuza bailaba que se las pelaba de gusto, y el Gallo cantó:

—¡Cristo nació!

Hicieron coro las Gallinas:

Ko ko pío pío...

y Don Perico bailando:

Oté té té... sara sara póngo

—¿Cuándo sea de día, me avisa?, le preguntaba de vez en cuando, y el Pavo Real, callado.

A las cinco de la mañana abre en grande su cola el Pavo Real.

¡Té jó!

y las Gallinas vieron a Don Perico en la claridad del amanecer, tal cual era. ¡Feo, feo, feo!»

«A la Lechuza la tienen viva los Mayomberos fuertes. Yo he visto», nos contaba uno «¡yo lo he presenciado! Un viejo que le mandó unos polvos a una persona, dijo: ¡Susundamba dialongo mal rayo parta, acaba de llegar! Y Susundamba (la Lechuza) venía, empezaba a caminar ponía una pata aquí otra allá, cogía el paquete y lo llevaba adonde le mandaba el brujo. Ya nadie lo hace, pero yo lo he visto, ¡ya lo creo!»

—«De noche la Lechuza, cuando la llama el Mayombero va a Ngangas como Siete Estrellas y Lucero. No va en espíritu, si no en su cuerpo. El brujo le canta:

Indo indo yá indo
Susundamba buena noche
Lucero buena noche
¡Gó!
Susundamba acaba llegá...
Yo te llamó, acaba llegá.

Se oye a la Lechuza, trá, trá, trá. El mensaje que va a llevar se le pone sobre la Nganga, ella lo recoge y lo lleva donde le piden.»

Una especie de Lechuza pequeña, la Siguapa, es también un ave nocturna que vive en las cuevas. Los brujos las emplean para hacer mal.

—«Llora como un niño; y en su grito dice ¡quiero miel! Tiene las patas al revés como el Güije.» De cierto, Lilith, una antigua diosa de la muerte (de los babilonios), asumía también como Yewá la apariencia de una Lechuza.

Su mala fama, el terror que inspira es de todos los tiempos y universal, en Grecia, en Roma, en Europa, y luego en América augura muerte. También en la Edad Media sus plumas eran maléficas. Si se cubría con ellas a una persona la dormían profundamente.

Las Siguapas abundan en Santiago de Cuba y el ingeniero Salcines nos decía que se contaba que «tenían cabeza de gato», y que en efecto lloraban como niños.

El Siguapo, como se emplea para todo lo malo, tiene muy mala fama. Y «es chulo», sustituye con sus huevos los de otros pájaros para que le críen sus pichones.

El Cotumbo es otra Lechuza pequeña, la más pequeña de todas.

Varios son sus colores, y amarillos como ámbar sus ojos.

—«Canta al primer rayo de sol y se despide de la oscuridad y de sus actividades, pues como todas sus parientes, trabaja de noche.»

PALOMA

Le pertenece a Obatalá y a los Ibeyi. Se le ofrenda también a Yemayá y a Oyá.
No se le ofrenda a Echú—Eleguá. Atrae desgracia.

—«Al comenzar el mundo, los pájaros proyectaron matar a la Paloma. Prepararon un pegamento para apoderarse de ella y la invitaron a una fiesta. La Paloma fue antes a visitar a Orula, hizo ebó y asistió al festín —a buen recaudo— y cuando fueron a atacarla levantó el vuelo y se descubrió la traición que todos habían tramado.»

—«La Paloma fue la primera ave que salió del Arca de Noé. De las más sagradas obras de Dios. El Diablo toma la forma de cualquier animal menos la de una Paloma. No tiene hiel.»

—«Es sagrada porque nadie ignora que en ella encarnó el Espíritu Santo... y lo que pasó con la Virgen María.»

—«No hay ndoki que penetre en una Paloma.»
Es bueno soñar con palomas. Se lleva al cielo las almas de los moribundos si estos lo merecen.

También auguran muerte. Cuando una vuela por encima de una persona quiere decir que Obatalá la protegerá. La sangre de un matrimonio de palomas se toma cuando no están en celo, se guarda en un frasco que contenga una fuerte infusión de geranio de olor y romero, en agua tomada de un manantial u ojo de agua y esta infusión cura cualquier brujería producida por brebajes. Se tomará tres días en ayunas.

—«Ochún hizo un recorrido visitando a los hijos de su marido Orula —u Orúmbila— del que es Apesteví (asistente). La Paloma la recibió en su casa, la atendió exquisitamente. Después fue a casa de Chariko que le dio unos malos polvos y abusó de ella. Ochún continuó hasta la Montaña, que le rindió todos los honores que merece la Apesteví de Orula. Le dio albergue y la colmó de atenciones para que descansase. Orula, agradecido por los honores rendidos a su Apesteví, le hizo Foribale a la Montaña y no comió paloma. A Charico lo maldijo.»

—«Que es el pájaro amado de Sambí, de Olofí y del Espíritu Santo lo prueba que no se encuentra hiel en sus entrañas. Por eso las Palomas purifican los cuerpos y las cabezas.»

Esas purificaciones, «Limpiezas» los llama el pueblo y «despojos» porque despojan de todo mal —malas influencias, enfermedades, etc.— se hacen con todas las aves, según lo indique el Caracol. Se limpia pasando el ave a todo lo largo del cuerpo después de describir una cruz sobre la cabeza y rozando ligeramente la cabeza que es lo primero que se «despoja». Luego de los hombros a los pies se resbala por el lado derecho del cuerpo antes que por el izquierdo. El ave o la Paloma recoge las impurezas, el mal, y si éste es grave, a veces muere, oportunamente oprimida dicen los incrédulos, por el Babaocha o la Iyá.

Las palomas se le dan a comer a Eledá —el Ángel de la Guarda— que reside en medio del cráneo y recibe allí la sangre de dos palomas blancas. Cuando se ha «despojado» y «rogado» una cabeza ésta no puede exponerse a la intemperie, al Sol y a la Luna, durante tres días.

Oyá celebró un gran baile. El primero en llegar a la fiesta fue Olofí. Después con dieciséis amigos llegó Obatalá y los presentó.

—Aquí están todos mis compañeros. Dieciséis.

—Ninguno, le dijo Olofí, es tu amigo.

—¿Cómo lo sabes? ¡Lo son y verdaderos! afirmó Obatalá. Te lo probaré mañana. Mancha tu ropa con sangre de paloma, toca a la puerta de la de uno de tus amigos, diles que mataste a un hombre y pídeles albergue.

Así lo hizo Obatalá, y todos, sin excepción le dieron con la puerta en las narices.

Le decían: —¡Aquí no, no entres! ¡no nos comprometas! Recorrió las dieciséis casas y llorando llegó a la puerta de Olofí.

—Entra, le dijo ¿ves que no tienes más amigo que tu Padre? Con la sangre de la Paloma lo sacó de su error.

—«Los Mayomberos cristianos, los que hacen el bien encomen-

164

dándose a Sambia (a Dios), dicen que la limalla bebe sangre de Paloma cuando hacen una buena obra porque es Sangre del Espíritu Santo.»

Contraria a todo maleficio, las Ngangas y Prendas de Mayombe, no llevan plumas de Paloma.

No obstante las encontramos activas en la magia amorosa: un corazón de macho y otro de hembra (para hacerse amar). En el corazón de la Paloma hembra se mete pelo del hombre deseado y en el del macho pelo de la mujer. Se tendrá listo una aguja nueva y un pañuelo blanco con cascarilla de huevo, manteca de cacao y con la sangre de las Palomas se hace una mezcla que se deposita en un papel con los nombres escritos del hombre y de la mujer junto con los corazones y todo se envuelve y se cose en el pañuelo.

Se deposita en un lugar donde no reciba sol ni le caigan hormigas y mientras se conserva esto, la vida no separará a los amantes.

Con la mezcla y la sangre del «trabajo» anteriormente descrito se unta la silla donde se siente el marido o la mujer y nunca se separarán.

PATO

Es de Yemayá. Acompaña a la diosa del mar, y en los altares de Iyalochas y Babalochas es un adorno que complace a la diosa que es —«por lo católico»— Nuestra Señora la Virgen de Regla. Como ofrenda le gusta tanto, que no conviene sacrificárselo a menudo por que «se apoltrona: se sienta a hacer la digestión y desatiende el ruego que se le hace. No trabaja».

Además de a Yemayá, se le ofrenda a Naná Bulukú.

Es el ave más importante del sacrificio.

—«Se manipula en silencio, sin decirse una palabra, cuando se le va a dar a la Santa.

No se moja. Hay que limpiarla en seco. Quien lo despluma se tapa la boca y la nariz con un pañuelo blanco para no mancillarlo con su aliento.»

Los viejos, algunos, no todos, dicen que el Pato es más de Obatalá que de Yemayá y que se le roba a Obatalá. Si Obatalá se da cuenta del robo no suelta sus plumas. Las Patas dedicadas a Yemayá, que por mandato suyo se tienen en las casas y no se sacrifican, ponen huevos que son muy caros, pues Ella les trasmite su virtud. Los Mayomberos pagan por ellos lo que se les pida.

»El pueblo en general los aprecia pues curan a los tuberculosos.»

Con Pato se «limpia» al devoto. Practicada la purificación la Iyalocha lo coloca en el suelo y el sujeto salta por encima del ave. Se le abre luego el pico, se le escupe siete veces dentro de la boca y se pide lo que se desea. Se cubren los ojos del Pato y se le sacrifica.

Blanco y amarillo, jiro y negro los sacrifican los Mayomberos a todas las Ngangas que posee un Padre Nganga. Muchos de estos Taitas, dueños de numerosas Ngangas, tienen una casa para guardarlas en ellas.

—«¿Por qué no habla el Pato?

Era compañero de Yemayá y cuanto ella decía y hacía, lo repetía y lo contaba. La hija preferida, adorada de Obatalá es Yemayá, y el Pato le iba con chismes sobre ella. Tanto habló el Pato de las riquezas que poseía Yemayá, y de un tesoro que acababa de sacar del mar que unos malhechores se apostaron para matarla y robarle su tesoro. Lo supo Olofí, que todo lo ve, todo lo sabe, y envió a Eleguá a Ogún y a Ochosí que le llevasen a Yemayá y al Pato que era enteramente blanco.

A Yemayá le dijo al verla:

—Hija, te delataron.

—¿Quién Babamí?

—El Pato.

Y al Pato: en castigo por tu indiscreción, seguirás siendo compañero de Yemayá pero mudo, ¡nunca más hablarás!»

Otra historia confirma la indiscreción del Pato.

—«El Pato en público, habló de Orula. Lo acusó de borracho. Changó le había cedido a Até, el tablero de adivinar, a cambio del baile, pensando con muy buen criterio que mejor estaría Até en las manos de Orula, buen bailarín pero hombre serio, que en las de un rumbero como él. Fue a su casa y Orula tenía en ella bebidas, botellas que en vez de aguardiente lo que contenían era Asará.

El Pato que se enteró de aquel detalle, porque visitaba el Ilé de Orula y supo de la cesión del tablero por el baile, dijo que Orula era borracho. Fue la última vez que pudo echar a correr un chisme: Orula lo castigó ahuecándole la voz de modo que nadie le entiende al Pato lo que habla.»

Por último, «es cierto» que el Pato traicionaba a Yemayá.

—«Era su mandadero y todo lo trastocaba, todo lo que le encomendaba Yemayá lo hacía de mala gana, por eso Yemayá nunca lo sentó a su mesa. El Pato era su enemigo y por eso se lo comió y para no verlo le cubrió la cara con un pañuelo azul.»

En la bahía de La Habana, con collares de cuentas azules mezcladas a veces con rojas se le lanzaban patos vivos a la diosa.

Todas las diversas especies de Patos, el Agostero, el Espinoso, le pertenecen también a Yemayá.

167

PAVO

Se le sacrifica con un Gallo a Iroko, el Oricha que reside en la Ceiba, el 16 de noviembre.

En Matanzas Iroko toma posesión de uno de sus devotos y baila al son del tambor.

Las Pavas o Guanajas están abocadas a enamorarse del Pavo Real, tan vistoso y circunspecto.

Con una pluma de Pavo Real bien exorcisada, los guardas, parteros y policías no ven al ladrón o al que se esconde, y ella lo ve todo.

Sus plumas provocan guerras, y para guerrear el Ngangulero coloca una en su cabeza.

Le pertenece a Yemayá que se lo cedió a su hermana Ochún.

—«Ya nadie lo trabaja porque hay que contar todas sus plumas y cada pluma de su cola equivale a un año. Está coronado, y la cabeza de uno puede caerse.»

Cuando Iroko está violenta se le ofrenda Pavo Real; a Ochún sólo si la Diosa lo pide.

En tierra Orú, recuerdan los ñáñigos, cuando Iyamba fue consagrado por los Obones, Abasonga le puso en la cabeza un muñón (plumero) de plumas de Pavo Real.

—«Pavo Real amenazó acabar con el mundo tirando los huevos de la Pava. Orula para salvarlo hizo Ebó con algodón, y cuando el Pavo Real lanzó los huevos cayeron sobre el algodón y no causaron daño.»

El sacrificio del Pavo Real se practica secretamente. Los profanos no pueden presenciarlo, ni los Iyawó, recién iniciados.

Se le ofrenda a Yemayá por algún motivo muy grave. Al Pavo Real se le rinden honores de monàrca, y su sacrificio, por ser Rey, puede dar pábulo a muchas contrariedades. «Cuando en África moría un Rey, moría también mucha gente.»

168

En algunas ocasiones «como cuando los Calero tuvieron que sacrificarle uno a Ochún, hubo que llamar a muchos viejos sabios lucumí».

—«En Congo las plumas de todas las aves se llaman Kandango. Todas juntas, y mientras con ellas se va adornando a la Nganga se canta:

Lagwika kandanga,
Ché ché Wánga

que quiere decir: Nganga se rodea de plumas.»

En lucumí se llaman Eiche.

Y no es cierto que den mala suerte las plumas del Pavo Real. «Todo lo contrario. ¡Si son de Ochún y de Yemayá!»

PITIRRE O GUATÍBERO

No existe mejor instrumento para el brujo que un Pitirre para hacer hablar o revelar su secreto a quien bien sabe guardarlo. Se le administran en una bebida o en un cigarro polvos de la cabeza y de un huevo de este pajarito.

Pitirre o Guatíbero «Pitirre de Monte» (Zool. F. Tiraniidae; esp. Pitangus cuadífasciatus, Orb.) En Cuba la más pequeña y sedentaria de estas aves: «por la mañana empieza su canto Pitirrr... cerca de las casas de campo, en los matorrales o ramas bajas de los árboles de donde se arroja a coger las moscas o abejas que pasan, volviendo luego a su observatorio: su nido colocado en la bifurcación de las ramas de un árbol elevado, se compone de ramitas secas, de raíces y de yerbas finas. Persigue y ataca las Auras y otras aves cuando conspiran contra sus nidos; revolotea sobre las personas que se los roba y parece que invita o suplica que dejen su presa». (Diccionario de vozes cubanas de Pichardo, cuarta edición 1875, p. 298).

Pitirre es un valiente y no hay peligro que lo arredre. «Bravo como Pitirre». Si defiende sus huevos tan desesperadamente es porque —aseguran— «cuando otro pájaro vuela por encima de su nido aquellos se estropean inmediatamente». Sus luchas con el Aura Tiñosa lo han hecho célebre: «—Por mucho que el Aura vuele siempre Pitirre lo pica.»

«Pitirre pica y saca seso.» Ataca a los negros. No los quiere. Es una escena divertida y frecuente en el campo, la de un negro que huye perseguido por un Pitirre.

Por su intrepidez, su coraje, su ligereza, este pájaro aparece continuamente en el lenguaje esmaltado de sobreentendidos y alusiones de los ganguleros. Su espíritu (cabeza y corazón) actúa en las ngangas, macutos, mpakas (cuernos rellenos de substancias mágicas) y talismanes. Como el Zún-Zún es muy estimado por los brujos.

POLLO

Ofrenda usual que se le tributa a Eleguá.

En la magia de nuestros negros el Pollo tiene diversas aplicaciones. Para suerte sirve un pollo negro. Se compra una cazuela, se le echan siete centavos, dos galletas. miel de abeja, ron y agua. El Pollo vivo se pasa por el cuerpo, después por los muebles de la casa; una vez sacrificado, la sangre se vierte en un plato, se coloca en alguna parte durante un rato y se arroja a la calle. El Pollo se cocina y se echa en las cuatro esquinas.

Para «ligar», atar. encarcelar a una persona deseada con el fin de que no pasee ni abandone su hogar, se le corta la cabeza al pollo. Se bebe su sangre. Se recoge el rastro (polvo), de todas las salidas y entradas de la casa en que reside el sujeto que se va a atar, y el de la casa del que lo «amarra» y juntos y entisados con la cabeza del pollo que traspasada con una o dos puntillas puestas en cruz se tira al tejado de la casa del matrimonio. Si la casa es propia se entierra el hechizo junto al fogón en que a diario cocina la mujer. Si el trabajo se entierra debe ponerse el «Kango» (amarre) en un pomo de boca ancha con todos los «rastros» o tierras, y en el fondo la cabeza del pollo, el pico hacia abajo, cubriéndolo todo «Toto de Kunabunbu» (tierra) y si hay pelos de ambas personas, (de la que amarra y de la que se amarrará) se introduce en la boca del pollo. Primero el de la mujer, luego el del hombre. También se meten «cargos» de la gente. Se clava una sola puntilla en esta obra, se le echa aguardiente, humo abundante de tabaco, y en todo caso, se quema pólvora paro saber si todo está en regla.

Para desunir:

Para sembrar la desunión entre padres e hijos, marido y mujer, amigos y compadres, se tapan dos pollos y se le sacrifican a Eleguá. Se les tuestan las cabezas, se hacen polvo, se mezclan con pimienta de Guinea, tierra en la que hayan peleado dos Perros, mostaza, sal en grano, semillas de quimbombó, pelos de Gato y

171

Hormigas bravas. Todo reducido a polvo, se esparce en la casa para sembrar el odio entre los que la habitan.

Con Pollos negros se hacen los peores maleficios. Explicarlos todos sería labor interminable. Bastarán unos pocos ejemplos. Para provocar el suicidio de una persona odiada, vivo y sin desplumarlo, se abre el vientre de un pollito negro nombrando a la víctima mientras el brujo practica la siguiente operación: introduce en su vientre siete centavos y siete granos de maíz tostados, una media o un calcetín de la presunta víctima untada en manteca y al pollo se le clavan siete alfileres.

Se cuenta de un pollito que compraron y lo llevaron al gallinero, que enfermó de moquillo y su dueño dijo: ¡no sirve, échenlo de aquí! Y el pollito abandonado se marchó a la sabana, se curó del moquillo y se hizo una hermosa gallina que puso huevos y crió pollos. Visitó la finca de la que fue arrojada y rodeada de sus hijos cantó con voz humana.

> *A mi addié yen yén*
> *kuao méta yén yén*
> *A mi addie yén yén*
> *kuao kuao meta.*
> *A mi addiye agú meta*
> *Aladó krí mó ró...*

La escuchó el dueño, salió a verla admirado y la hermosa Gallina huyó con sus hijos.

Es sabido que al pollo que se le sacrifica a Eleguá se le saca la lengua. El de Echú se le deja en el mismo lugar en que se mata. Lo mismo se hace con el que se le ofrenda a Ayé (San Lázaro) «porque al arrancarle la lengua» (un gesto de magia imitativa) «se impide que la gente hable mal. Echú que es un muchacho no chismeará, y Babalú Ayé que es violento, no quiere que nadie hable de él. A ninguno de los dos les gusta que se sepa lo que comieron».

»La lengua del pollo que se da a San Lázaro se seca y se mete en un saquito y se lleva puesto prendido con un alfiler como resguardo.»

QUEREQUETÉ O CREQUETÉ

El más feo de todos los pájaros. Le pertenece a Lunganbé, al Diablo. Se incluye en la preparación de un Osaín para enloquecer.

—«Pone sus huevos en la tuna, que hinca y difícilmente se pueden coger sus pichones.»

Es muy conversador e indiscreto. Por eso, cuando se desea denunciar a alguien se le soplan polvos de querequeté.

—«Pone dos huevos nada más entre piedras, si ve que se los van a robar, ¡se los traga!»

Má Luciana, una bruja famosa hacía una tortilla de huevo de Querequeté, seso de Perro y mucha pimienta de Guinea y ya fría la ponía sobre la Nganga con una vela encendida, y se oía sonar esa Prenda como a un reloj. (Má Luciana conocía los astros y estaba compenetrada con ellos).

El Querequeté que por sus habladurías, su indiscreción se traiciona, se denuncia a sí mismo y el cazador lo mata fácilmente.

RUISEÑOR

Este pájaro de la primavera es europeo y no existe en nuestra Isla. Ni es africano, sin embargo se nos ha contado que al Ruiseñor «le robó su único ojo el Gusano de tierra porque él solo tenía un ojo... Se lo robó mientras dormía el Ruiseñor y cuando éste descubrió el robo se propuso recuperar su ojo. Resolvió dormir de día y velar con la ilusión de descubrir al ladrón, cantando la noche entera».

En otra versión de esta historia, el Ruiseñor al rogarle el Gusano, puesto en autos, que le devolviese su ojo, se negó rotundamente. Es para consolarlo por lo que el Ruiseñor canta toda la noche.

SINSONTE

Tiene grandes virtudes como el Gavilán. Para robar y salir de la cárcel se hace con el Sinsonte un amuleto muy estimable.

—«Es un cantante de primera.»

TOCOLORO

—Dice exactamente Tóc-oloro.

Detrás del pescuezo tiene un huesito en forma de cruz de valor incalculable para obras de magia. Se pagan muy caros. De ahí que el cazador no lo mata sino de frente, pues si le apunta por detrás la cruz desvía la bala.

Tan preciosa es esa cruz como la que tiene el Manjuarí disimulada en su cabeza.

TOJOSA

Una mensajera de Naná Bulukú. Se cree que lo es de malas noticias que llegarán al término de tres días cuando se posan en los caballetes de las casas.

Si se hace con los dedos una cruz hacia abajo la tojosa levanta el vuelo. No vuelve más...

El dulce lamento que es su canto hace temer su presencia.

TOTÍ

Enteramente negro, de pico corvo, muy común. Se le confunde con el Mayito. Un viejo refrán reza:

Totí come el arroz
Mayito carga la culpa.

Es un término corriente de comparación ser «más negro que un Totí», que es decir tanto como el betún, la tinta china o el azabache.

Son ladrones de arroz. «Muy rumberos y roban cantando:

Chin chin
Konsú konsú koluo
Brí óle trí kuyán
Luwan luwan
wá rí ra...»

Grandes aficionados a los granos y al azúcar. Antiguamente en los ingenios, se destinaba un «mulecón» —un negrito—, a espantarlos. Vuelan en bandadas. Posados en el lomo de los bueyes se comen las garrapatas que tanto les molestan, en pago a una buena acción que le hicieron estos cuadrúpedos. Van siempre detrás del arado atrapando los gusanos que levantan. Al Totí macho los Congos le llamaban Chichinguako. Canta: tío tío tío.

ZUNZÚN

—«Lo mejor para obras de Magia amorosa.» Para amuletos, talismanes y Ngangas.

—«Junto con la Mosca Verde, Caballito del Diablo, Camaleón Verde y Corazón de Sijú se hacen terribles maleficios.»

El Zún-Zún está consciente de su belleza y le fascinan los espejos. Es la mejor trampa para apoderarse de ellos, vivos como los necesitan los brujos.

A estos pajaritos fulgurantes les encantan las lágrimas de fuego —una flor— y liban en sus pétalos. Para los efectos de un cigarrillo preparado para hacer daño con polvos de corazón de Zún-Zún ligado con la picadura, no hay remedio... El humo «asciende al cerebro y enloquece».

ZúnZún quería decir alma entre los esclavos chanté —achantí—, que vinieron a Cuba. Al oír decir, como oían de niños los que hoy son viejos «el ZúnZún de la Calavera», eso significaba «el alma de la Calavera».

Un buen «amarre», ligadura, se lleva a cabo con el corazón de un ZúnZún. Le arrancan el corazón y unas plumas, se queman, y los polvos mezclados con la sangre del pajarito y el rastro de la persona cuyo amor se ha de conquistar, un hilo del color de su Santo Patrón («para halagar al Santo») y se le da todo a tomar, bien molido, en café o en chocolate.

Al ZúnZún se le llama también Colibrí.

PECES

Son vasallos de Yemayá en el mar, y en el río de Ochún.
Los ahogados se transforman en peces en el fondo del mar.
Algunos peces son indispensables en los ritos lucumí. A los Orichas les ofrendan tres colas de pescado fresco (con jutía ahumada), para obtener lo que se les pida. De esas tres colas, cuando se retira la ofrenda, dos se arrojan en las esquinas y otra en la puerta de la casa.

—«El Pez quiso saber un día quien era Ifá y precisamente ese día Ifá necesitaba un pez y le dijo: Pez ven y te diré quién y qué es Ifá. Cuando fue a tomarlo en sus manos el Pez murió. Desde entonces Ifá sostiene que él es el Pez.»
El primer cuero del tambor chéme (de los ñáñigos) fue de pescado.

PEZ ESPADA

Con sus espinas se fabrica un talismán que elimina todo el mal que se le presente a su dueño. Este amuleto se llama Eyá Kira.

BIAJACA

Excelente para la magia amorosa. Se «trabaja» viva, en el río. El Guanabá y la Biajaca eran compadres. Buenos amigos.

El Guanabá vuela y anda por la tierra, junto a los cocos y en los maizales. Roba, y los guajiros que tienen cocos, al atardecer cuando se acuestan, los ven cuajados de frutos. Nadie puede penetrar en sus fincas y sin embargo, al despertar... ¡siempre los cocoteros amanecen sin cocos! Era un misterio lo que ocurría. Se colocaron centinelas y una noche, cuando más ocupado estaba el Guanabá, un centinela armado con una escopeta lo sorprendió subido al árbol tumbando cocos. Tenía por consigna dar la voz de alarma disparando tres tiros seguidos. Todos los sitieros, y también las mujeres, acudieron.

—¿Dónde fueron los disparos? preguntaban.

El Guanabá en lo alto del árbol no se atrevía a moverse. Vio y escuchó el comentario de una muchacha muy agraciada.

—¡Qué pájaro tan lindo!

El Guanabá dijo:

—Voy a bailar...

Kongo no bébe kalubé...

Y la gente aprueba: ¡a bailar, sí! Todos bailan y el Guanabá se va. Los viejos advierten:

—El ladrón estaba ahí y lo han dejado escapar.

Los jóvenes bailaban tan a gusto, que días más tarde el Guanabá fue a otro cocal. Le disparan, acude la gente y como los jóvenes lo que desean es bailar, el Guanabá apenas los ve, canta. Bailan, y escapa.

Al cabo del tiempo lo acosaron de verdad y el Guanabá pensó: mejor que mude el campamento. En toda una semana no salió de su retiro, pero necesitaba hacer algo.

—Voy a visitar a mi Comadre la Biajaca, y voló al río.

178

—¿Cómo está mi Comadre?

—¡Ay, Compadre, un poco flaca!

—¿Qué le pasa?

—De noche no duermo. Tuve una congestión.

—¿Por qué no me avisó?

—No tuve con quien. Compadre, he oído decir que en el campo de Cayetano hay una buena siembra de maíz. Ahora viene lo malo, la seca, y me apertrecharé... Me llevaré maíz, y si quiere salga del agua, venga conmigo. Aquella Biajaca lo mismo andaba por la tierra que por el agua.

Dijo la Biajaca:

—Vamos a robar maíz, pero si nos agarran, usted vuela, Compadre, sus pies son largos, yo no vuelo... ¿y cómo corro?

—¡Oh, Comadre, yo doy la vida por usted! Es verdad que sus pies son muy cortos, que ni son pies, pero haré un catauro, me lo colgaré del cuello y la llevaré. Reuniré el maíz en un lugar apartado y desde allí usted se lo irá llevando.

Así fueron una noche al maizal. El Guanabá colocó el catauro en un lugar cercano; la Biajaca cargó con su maíz para su casa y el Guanabá se llevó el suyo.

Los dueños del maizal comenzaron a darse cuenta del robo:

—¿Quién podrá llevarse tanto maíz? ¡Necesitamos un guardiero! El maíz de Cayetano y el de Herótides se lo llevan, y ahora el nuestro.

Situaron centinelas. Ven al Guanabá y disparan. ¡Pá, pá! El pájaro vuela. Arrinconada entre unas piedras se hallaba la Biajaca.

—¡Ah, con que eras tú!

—Sí señor, yo robaba maíz pero en compañía de mi compadre Guanabá.

—Pues hasta que él no aparezca tu pagarás...

La condujeron presa a casa de Herótides.

—Caballeros, dijo allí la Biajaca. Me estoy secando. ¿Por qué antes de ajusticiarme no me echan al agua?

La metieron en un catauro y una niña juega con ella:

La Biajaca le baila.

—¡Qué bien bailas!

Dice la Biajaca: —En una batea bailo mejor.

Y en la batea, cantando:

Gogán Kisi é Kisingongá
sabri gon gué. ¡Bru...pa!
Gogan ikisi ekikisin góngá.

—¡Qué lindo es tu canto y tu baile!

—¡Bah! Eso no es nada. Necesito espacio para lucirme. Lléva-me a la laguna y verás qué saltos doy en el aire. Y la llevó a la laguna...

¡Brú... pa! ¡pá!
Gón gón kisi kisíngongá...
Salíngongá, ¡eh!

y brinca y brinca.

La niña admirada.

Dice la Biajaca:

—Nada, no has visto nada. En el río sí que salto de una orilla a otra. En el río sí vale la pena verme.

Y la niña la llevó al río, donde la Biajaca pegó un salto asombroso, desapareció y nunca más salió del agua.

Ahora el Guanabá que roba, sólo invita al Canángano a que le acompañe.

—Amigo Canángano, a usted como a mí le gusta el maíz. He recorrido toda la provincia y donde únicamente hay maíz es en la finca del Rey. Vamos allá.

Fueron, robaron durante tres días, se percataron del hurto y el Rey mandó a la Guardia que cuidase su maizal. La vio el Guanabá, levantó el vuelo y dejó en tierra acorralado al Canángano.

Canángano guardia
Canángano maíz del Rey.

Empezó a cantar el Canángano y con tanto arte, que los guardias no pudieron dominarse y bailaron hasta olvidar al Canángano, que se perdió entre la yerba, y desde aquel día vive escondido y huyendo.

GUABINA

—«Hay dos clases, una que se pega al fango y que no tiene como una rosa en el vientre. Otra, que no se apoya en el fango y sí tiene una rosa en el vientre.

Para el *Asiento* de las personas limpias de conciencia, los viejos cogían la Guabina con la rosa en el vientre. La otra para una gentuza, a la que aunque mala persona, hay que hacerle Santo, porque el Santo pide su cabeza.»

En la Regla lucumí la Guabina es el pez más sagrado para «rogar la cabeza». Tiene muchos secretos. Importantísima para Eledá (equivalente al ángel guardián) que reside en ella.

Le pertenece a Obatalá, oricha dueño de las cabezas.

—«Se abre por el medio y para refrescar y fortalecer al Ángel de la Guarda (Eledá), se coloca en la del devoto. Antes de dársela a Eledá, se le pregunta a Obatalá si se trae viva, pues Obatalá quiere verla nadar.

»El agua en que se deposita la Guabina se bebe. Si se le administra a un enfermo del estómago, se le echa ceniza al agua y se le hace una cruz en el vientre al paciente. Mas algunos no pueden comer ni pisar ceniza, pues su Oricha se lo prohíbe. Tiene ese Euó (tabú). Con el agua de Guabina se dan baños.»

—«Hará unos ochenta años los viejos tenían una vasija», cuenta Gaytán, un gran Babaocha «para echar en ella las guabinas que pescaban en el fondo del río. Las dejaban allí hasta que se morían. Con esa agua hacían un Omiero, y cuando un hijo enfermaba le daban baños con ella».

Sin Guabina no hay Omiero (Omiero: bebida y agua lustral de las iniciaciones).

Para ofrecer Guabina en una rogativa para enfermedad se reza: Eyá oro tutu mo fí aro lo mi lorí Olodumare mo fi oru mu Ala Ochúmaré sé be só Ori mí omó da padá.

KIMBALO

¿Alguien ha visto a Kimbalo, pez de río sin agallas que serpetea por la tierra como el Majá y pega?

MANJUARÍ

Como el pájaro Tocoloro tiene una cruz en la frente. Esa cruz es inapreciable por la buena suerte que le asegura a quien lleve el talismán que se fabrica con ella.

—El Manjuarí es amigo de las Biajacas, pariente del Mapo y como ellas vive en lagunas y ríos.

MAPO

Se parece a las Biajacas. Más chico. Para los lucumí, y también para los Abakuá es un pez venerado. Con él hacen Santeros y Paleros toda clase de «trabajos». En Matanzas se vendía por las calles.

Vive mucho, tarda en morir fuera del agua.

—«Los peces son tan sagrados por la trascendencia del agua: nada puede hacerse sin agua.»

—«Agua va parí pescao pá cociná con agua míma.»

—«Agua Mamá de toa la vida.»

182

PARGO

Es otro pez sacratísimo. Para los ritos y obras de Inle, Ochún, Yemayá su dueña y de Ogún.

Los pargos pequeños se le ofrecen a Eleguá «que sin pescado hará sufrir».

—«Con el pargo vivo en el mar o en agua se hace un hechizo de esta manera: se bautiza un pargo vivo —aunque puede hacerse con otro pez— se le bautiza con e lnombre de la persona a que va dirigido. Se suelta, y al otro lado del mar lo recibe la persona a quien se envía.»

PULPO

No hay Babalawo que lo coma.

PERRO

Son tan afectuosos, quieren tanto al hombre que perciben los malos y buenos pensamientos que éstos abrigan hacia ellos, su disposición hostil o benévola. Y nunca se engañan. A veces a los hombres los habitan malos espíritus y por eso ellos le ladran al parecer sin motivo.

Son tan fieles que los amuletos fabricados con perros son excelentes pues al traspasarles las cualidades de este noble animal protegerán y defenderán a sus dueños en todos los momentos, aun en los más difíciles de sus vidas. Por desgracia la preparación de este «resguardo» es cruel; supone la muerte del perro. En los perros negros suele meterse el Diablo. Esta creencia debe tener origen europeo.

Encontrarnos con ellos a media noche en un camino bajo ciertos árboles, puede ser peligroso.

—«Changó tenía un perro que lo acompañaba a todas partes. Antes de pertenecerle el perro a Ogún, era propiedad de Changó Lubeo.»

—«Olofí envió a buscar al Perro, quería conferirle un cargo delicado. Mas el Perro, que no había hecho rogación, se levantó muy temprano para presentarse ante Olofí. Tropezó con un hueso, se detuvo a roerlo, y el Aura Tiñosa, que más tarde tenía cita con Olofí, se le adelantó al Perro y Olofí lo nombró su Mensajero.

Llegó el Perro. Olofí le dijo:

—¡Llegaste muy tarde! y le volvió la espalda.»

La debilidad de los perros son los huesos.

Podría añadirse, que no sólo los huesos. Recuérdese que:

—«Una vez el Perro salió a todo correr del matadero con una gandinga robada. Al cruzar un arroyuelo vio la gandinga reflejada en el agua. Una gandinga mayor, le pareció, que la que había hurtado. Creyendo que era otra, soltó la que llevaba, que cayó al agua, y por avaricioso se quedó sin nada.»

«El Perro era propiedad de Changó. Pero, como se sabe, Changó engañó a Ogún. Se le sacrifica a Ogún, pero no todo el mundo sabe dárselo. Un perro negro, cachorrillo, es muy grato a Ogún, y se le sacrifica cada siete años, con dos gallos, pollos y acompañados de $ 7,75 (¡hace años!), aguardiente, miel de abejas, tabaco, ekó, Obí y agua. Se le mata de un solo machetazo. Después de muerto se entierra en un hoyo con la bebida y demás ingredientes. El hoyo ha de ser grande para tirarlo dentro tan pronto se mata en su borde. Se le echa mucho humo de tabaco, se tapa rápidamente, pues éste es un Ebó muy secreto y no asisten a él más que personas muy íntimas y reservadas.

Cuando se le mata otro perrito se echará en el mismo hoyo. Ogún está en el campo, como es su costumbre, y debajo del árbol en que se le cuelga,[1] para que no le caiga encima la sangre, se abre un hueco y terminado el sacrificio se vuelve a poner a Ogún en el lugar en que estaba.

Este sacrificio se hace siempre de noche.»

Algunos omá-Yemayá no pueden tener perros en sus casas, en atención a que el Perro de Ogún asustó muchas veces a Yemayá cuando era esposa de este dios.

—«Si Ogún come perro es porque uno le mordió», decía Calazán, y afirmaba a la vez que «¡jamás Changó fue dueño del perro!»

La pasión que siente Ogún por los perros puede juzgarse por el caso de José Isabel Campos y otros de sus «caballos». Poseído por Ogún, Campos devoró un trozo de perro vivo y bailando y comiendo le brindaba a la gente en la fiesta del Santo.

—«Porque antes que Ogún comiese perros, Changó los comía y Ochún se burlo de él.

—Si fuese ese borracho de Ogún el que se los comiera, dijo Ochún. Porque lo que entonces comía Ogún era carnero. Ochún emborrachó a Ogún, y mientras dormía la mona, le robó el carnero y se lo dio a Changó. Pero Ogún continuó, además de comer de todo, comiendo carnero.

El babalawo no se lo sacrifica porque Ogún le roba la sombra, y sólo cuando Ogún pide especialmente un carnero, se le da. La cabeza de este animal se entierra y el cuerpo se lleva a la manigua. Hay que cortarle un pedazo de los testículos y un pedazo

1. El recipiente con las piedras y hierros que lo representan.

185

de la carne del cuello, que ahumados en un pincho se colocan ante el Santo. Cuando en un Ilé (casa de Santo), se le sacrifica un perro, una parte se cocina y lo comen los que son hijos de Ogún. Antes, y ahora en algunos ilé, él se bebe la sangre y después, el perro que había sido criado con muchos mimos y engordado para el Santo, se cocinaba y se lo saboreaban sus hijos.»

Si no exacta, en Nigeria se cuenta una historia muy parecida a la que hemos oído a viejos matanceros, y en la que el dueño del perro fue Lubeo antes que Ogún.

Orula cambió al Perro por Ganso, Ibí, y Ajonjolí.

—«Cuando el Creador eligió el Perro para remitirle a los hombres un paquete de pieles para que se cambiaran las viejas, en el camino el Perro se distrajo y el Majá se robó el paquete. Con esas pieles el Majá muda de piel.»

—«Un Rey fue a hacer Ebó al ilé de Orula. El divino Adivino le pidió su perro para hacer Ebó y el Rey se negó pues quería mucho a su perro.

Días después se declaró una guerra y tuvo que huir el Rey. Fue a la selva y allí halló un tinajón enorme en el que se escondió. Su palacio fue sitiado y los soldados que lo custodiaban observaron que en el palacio había un perro que salía a diario y después regresaba. Lo siguieron por curiosidad.

El perro iba a visitar a su amo escondido en el tinajón y así lo descubrieron y apresaron.»

El perro iba a visitar a su amo escondido en el tinajón y así prevenía cuando el cazador iba a cazarlos. Nunca lograba hacer blanco el cazador, ni engañar con sus trampas que denunciaban los ladridos del perro.

Decidió apoderarse del perro, llevarlo a su casa, amansarlo y conquistar su afecto. El perro que luego lo acompañaba al monte entonces ladraba para anunciarle dónde había buenas presas, y los pájaros desesperados caían por mucho que intentaban escapar de las flechas.»

—«Cuando Orula echó de su casa a Yemayá por adivinar en su tablero, y le ordenó que se marchara del pueblo pues en él no había cabida más que para un sabio, Yemayá que es voluntariosa y firme, se disfrazó y fue al Mercado a vender bollos. Un día Changó, que poseía un perro, fue al mercado, su perro olfateó a Yemayá y la descubrió. Como Orula se hubiese vengado de su ardid, Yemayá no tuvo más remedio que marcharse del pueblo. De ahí también que hay Omó-Yemayá, que según el camino (avatar de la diosa) no pueden tener perros.»

—«Todos los animales se pusieron de acuerdo para quitarle la mujer al Venado porque era bellísima. El único que se negó y opinó en contra condenando lo que llamó un proceder infame, fue el Perro.

—Esta mujer es para mí, Pata Flaca, le gritó el Tigre al Venado y se llevó a la mujer.

En la casa del Tigre la mujer se sentó en una jícara. Era inviolable.

El Tigre pensó: el Perro amigo del Venado está muy gordito y yo, desde que traje a esta mujer a mi casa no puedo comer. Se la devolvió al Venado. El León se la roba y se la devuelve, y lo mismo le ocurrió a la Hiena.

El Perro, en casa del Venado, no fue insensible al fin a la belleza de aquella mujer. Se enamoró de ella. La mujer lo miraba como amigo, y éste un día pretende violarla. La mujer se sentó en la jícara y cuando llegó el Venado le dijo: —¡Tu amigo te engaña!

—Traidor, le gritó el Venado al Perro. ¡Somos enemigos!

Desde entonces el Perro huye y el Venado corre tras él. Pero el Venado, cuando se detiene, lo mata de una patada.»

—«¿Y sabe usted por qué son enemigos el Perro y el Gato? En un tiempo eran compañeros, socios, e iban por los pueblos robando, el Gato en las bodegas y cocinas de las casas, el Perro en los gallineros y mataderos. Una vez reunieron tres Gallinas. Dos se engulló el Perro y al Gato le quedó una. El Perro quiso engañar a su socio y después de comer fueron a un baile. Al poco rato salió el Perro: —Voy a beber agua. Regresó a la casa y se comió la Gallina restante. Más tarde, el Gato preguntaba —¿quién se habrá comido mi Gallina?

Volvieron a robar otras y siempre pasaba lo mismo. De lo que robaban en común, al Gato siempre le faltaba algo.

Y el Gato fue a consultar con un Nganga, y éste le preparó un amuleto que hablaba. Lo esconde. El amuleto se pone a conversar. El Perro que se asusta. El amuleto que también ve, al

187

volver el Gato le contó que el Perro le robaba. Y ahí fue Troya y para siempre quedaron peleados.»

—«A los árboles a veces los habitan malos espíritus. El alma que estaba en uno veía cazar al cazador y se enamoró de él.

Un día éste fue al mercado al que llevaba sus aves y animales a vender, y una mujer que decía llamarse Tana habló con él, le hizo una compra importante. Bonita e insinuante aquella desconocida, el Cazador después de otros encuentros con ella, la cortejó y le propuso matrimonio. Ella lo invitó a su ilé y al día siguiente el hombre llamó a sus tres perros.

—Deja tus perrazos, dijo la muchacha, me dan miedo.

Complaciente los encerró pero tomó su escopeta.

—¡Deja esa escopeta! Le suplicó de nuevo. Se te puede escapar un tiro. Y para estar en mi casa no es necesaria.

Tomó un cuchillo.

—¡Ay, no, por Dios, un cuchillo! ¿para qué? ¡qué horror!

Y el cazador lo puso de lado junto a la escopeta. Pero una voz le dijo: un cazador no va al monte sin cuchillo, y lo escondió debajo de su camisa.

Salieron. Llegaron a la manigua y escuchó a los árboles, que moviendo las ramas como mueven sus brazos las criaturas humanas, la felicitaban. Al Cazador se le erizaban los pelos y los pies se le enfriaron. Iba a huir pero cuatro árboles lo cercaron, y uno de tronco rugoso, de fuera las raíces, gritó:

—¡No escaparás!

El Cazador trepó como pudo hasta el cogollo de una palmera y llamó a sus perros que lo oyeron, derribaron la puerta de la habitación en que estaban encerrados, y atacaron a la traidora que desapareció de repente.

Los árboles que de modo tan extraño se habían movilizado se detuvieron y el Cazador custodiado por sus perros volvió a su casa.

Jamás confiar en una desconocida.»

El ojo del perro, por sus virtudes y buena vista, se utiliza como un elemento importante en la composición de una Nganga, que se tiene veintiún días enterrada en el cementerio, acompañado de un ojo de muerto y de Aura Tiñosa.

Se adquiere videncia para augurar, ver a los muertos, tomando la vista de un Perro, que con el Gato, el Caballo y el Aura poseen los ojos de mirar más penetrantes.

—«Para esto se prepara un cachorrillo; pues esta operación no se hace con un Perro grande, peligraría la vida, y se lavan los ojos con el agua con que se han lavado los del cachorrito durante cierto número de días, los que prescriba el Ngangulero.»

Lo mismo se hace para obtener la clarividencia con un agua de legañas de Aura Tiñosa.

La cabeza del Perro negro la utilizan mucho los Mayomberos en sus Ngangas para hacer bien, si el perro ha muerto de muerte natural; para mal si de rabia o se le ha matado exprofeso.

Se toman las pestañas, la punta del rabo y los colmillos.

Para provocar tragedias, maleficiar, etc., un viejo recomendaba pelos de Perro negro mejor que sus excrementos, que se utilizan tanto, la tierra del lugar donde han peleado dos Perros, cuatro pelos de Gatos, una piedra china, yerba de Guinea, Pica Pica y pezuña de Alacrán. Todo en polvo y tirarlo a la puerta de quien se quiera perjudicar.

A los excrementos de Perro y Gato se recurre mucho en la Magia negra.

La cabeza de un Perro y de un Gato se reputan de los más eficaces para realizar un «desbarate». Para el de un hogar, por ejemplo, se agregan Ortiguilla, Pica Pica, semilla de aroma, ajonjolí tostado, pimienta de Guinea, cabeza y plumas de Guinea. ¡Tragedia segura!

—«Para la Nganga, lo fundamental "opinan muchos Mayomberos", es la cabeza, las cuatro patas y la punta del rabo del Perro, que se ponen en la cazuela con todos los bichos malos. El Perro olfatea e irá derecho adonde lo mande el Mayombero.»

—«Otras veces el Nganga (muerto), se le introduce a un animal. Si es en un perro se le trabaja la punta del rabo, y morderá a quien se quiera.»

Nos dijo un viejo Mayombero:

—«Yo cogí perrito, lo traje pa casa, le di a beber agua de Kalunga (de mar). No va a jablá, pero si me hacen algo malo, él saca el trabajo que me pusieron...

A cualquier perro se le pasa espíritu.»

Los orines de Perro, contaban los Jamaiquinos, son muy empleados en sus ritos y sacrificios, y poseen la virtud de transmitir el don de la clarividencia. Además de sus dos ojos creen que tienen otros dos más. Esos ojos interiores superpuestos a los exteriores se encienden con una luz verde.

Sus colmillos son buenos resguardos.

Con un colmillo y un objeto que pertenezca a una persona que se desee dañar se le hace a ésta un maleficio igual al del Alacrán.

(Véase Alacrán). La mordida mágica del perro enferma y causa la muerte.

Colgado del cuello del niño, el colmillo lo libra del mal de ojo. Y no sólo a los niños, sino a los adultos.

La leche de perra facilita la dentición frotando con ella las encías de los bebitos. La lengua cura si está bendita por San Lázaro.

El Perro que tiene seis dedos nunca enrabiará. El rabo de un Perro blanco es muy valioso para alejar de las casas a individuos inoportunos o indeseables, mezclados con el de un Gato también blanco. Ambos se tuestan y hechos polvos, con Pica-Pica, se le soplan. Los perros que se destinan a guardianes los preparan hijos de San Lázaro, y el que los recibe ha de masticar algo que le guste al Santo y dárselo a los perros, o al perro que así relaciona a la persona con el Oricha y al perro con la persona. Estos nunca se apartan de sus dueños.

RANA

Son de Yemayá.

—«Y como son sus hijas no se las puede matar». («Como no se debe quitar sin necesidad, la vida a ninguna criatura que engendra el Agua»).

Guardianas de la lluvia, le cantan para que caiga.

—«Ogún a pesar de haber vencido en una guerra cruenta de la que sólo habían quedado algunos pocos enemigos, se refugió entre unos matojos al oscurecer, en la orilla de un río. Sintió un ruido extraño, era como el de un ejército que su imaginación suponía poderoso y pensó que no le sería posible hacerle frente. Yemayá era su esposa y lo acompañaba, tomó su machete y se aproximó al lugar en que Ogún calculaba, que estaba el ejército.

Eran las ranas las autoras del barullo que inquieto al Oricha. Las ranas al contemplar de improviso a Yemayá, se asustaron, saltaron en todas direcciones y desaparecieron. Volvió Yemayá junto a Ogún. Creyó entonces que ella había derrotado al ejército y la recibió con los brazos abiertos. Yemayá se rió de él y lo llamó cobarde. Abochornado, Ogún intentó en vano, en aquella ocasión, cortarle la cabeza.»

—«Ya muy viejo Obatalá, y muy pobre, vivía en un bohío ruinoso cerca de un estanque atestado de Ranas. Una salió, la Mayor, y le dijo a Obatalá (porque esto pasaba en tiempos en que hablaban los animales):

—Arregla tu techo porque va a llover mucho.

Obatalá no le prestó atención. Fue como de costumbre a mendigar su comida —era limosnero—, y ya de regreso a su casa, lo agarró un aguacero. En su bohío caían una infinidad de goteras. Llovía tanto dentro, como afuera del bohío. Las Ranas, muy alegres, comenzaron a hablar en su lenguaje y a alabar al agua que derramaba el Cielo.

Obatalá recordó entonces lo que le había advertido la Jefe de las Ranas y les suplicó que lo ayudaran y le perdonaran por no haberles hecho caso.

Se compadecieron y trajeron palos y hojas y cubrieron su puerta para evitar que se empapara. La gracia de predecir las lluvias les fue confirmada por Obatalá y en los signos —Odú— de Obatalá sus hijos evitarán que les llueva encima y exige que no maten Ranas ni tengan goteras en sus casas.»

—«Feliz bailando con la lluvia la Rana en un salto se partió una pata. A la lluvia sucedió una gran sequía y el Bokono una mañana temprano, le mandó un regalo a aquella Rana para que hiciese llover. Aceptó el regalo y fue a una Ceiba bajo la que estaba enterrada su madre que en vida había sido una gran Vodunsi. Le pidió que mandase agua antes que se pusiese el Sol, que en ello le iba su honor. Puso sobre la tumba los regalos del Bokono y siete Gallinas le sacrificó. Pasó el día. El cielo claro. Ni una nube. Lloraba la Rana suplicándole a su madre muerta que hiciese llover. ¡Y nada...! pero unos instantes antes de ocultarse el Sol, una lluvia torrencial, de un cielo negro que se desplomó, azotó el lomo de la tierra. Aquella Rana no dejó luego de rendirle culto a su madre, y con su favor conjuraba todas las sequías y cuando se le oía cantar, llovía.»

Con las Ranas o Sapos verdes se trabaja para atraer a hombres y mujeres. El procedimiento es horrible.

—«Se le cosen los ojos con hilos de seda punzó diciéndoles:

«Sapo Sapito Sapi Sapí te coso los ojitos para que no veas la luz del día y así esté Fulana (o Fulano) sin ver la luz del día, sin sosiego tras mí hasta que venga a mí, con el Poder de Satanás, con los Espíritus de Lucifer, Recadé, Ararí y todos los espíritus mensajeros del Diablo, que te traigan a mis pies.»

La Rana verde se deposita en una vasija con agua que se cambia a diario. Se le da leche de vaca y se le descosen los ojos. Se pasa el animal por el vientre de la persona que ha ordenado este hechizo y vuelve a meterse en el agua.

Para los hombres se emplea el Sapo y para las mujeres la Rana.»

Para atraer y seducir a una mujer se le cortan las extremidades y la cabeza a una Rana. Se guardan en un recipiente con agua y tierra de una tumba conocida, se tapa y se tiene nueve días a sol y sereno. Después se abre una calabaza por la parte de arriba, y vaciándola se le echa dentro el contenido del recipiente. Todos los días se pone al sol, y cuando se seca se cierne y se echa en la puerta de quien se desea.

Para forzar la voluntad de las mujeres, dominarlas, una Rana se mata, se introduce en una lata y se entierra en un fanguero para que el agua corriente no arrastre la vasija que contiene la Rana. Cuando se considera que está podrida —esperará cinco o seis días—, se saca la Rana cuidando de recoger todos los huesos, que no quede un solo huesito, y se va a un arroyo, se lavan uno a uno, y se lanzan en la corriente. Los que nadan contra ésta, se rescatan, pues son los que deben guardarse. Se compran tres pañuelos blancos y dos se guardan. En otro se colocan los huesitos de la Rana. Se buscará el sitio en que se encuentre una novilla, y tomando las precauciones necesarias, se le muestra el pañuelo en que se halla el huesito. Es posible, casi seguro, que la novilla intente atacar, mas no hará nada.

Después el pañuelo se le presenta a una Gallina que hará por picotearla.

Cuando a un hombre le interesa una mujer, y desea someterla que espere a que ésta se encuentre de espaldas, y se lo muestre.»

SAPO

Para conocer al Sapo no tuvieron necesidad los viejos criollos hijos de africanos de leer la anónima Magno Philosophia Oculta, y medir la causa del miedo o el asco que despierta en la mayoría de la gente.

Los devotos de Yemayá no los matan, porque a pesar de su aspecto repugnante y del veneno que secretan, son familiares de la diosa del agua, como son las Ranas de Obatalá.

Tiene relaciones estrechas con los espíritus del otro mundo. Algunos muertos encarnan en ellos.

El Majá es gran enemigo «del Sapo que le confesó a Orùla que estaba seguro que donde lo encontrase el Majá se lo tragaría: ki lé bó ilú oka akuko eyelé meyi, haz ebó, le indicó Orula.

»En efecto, el Majá se tragó al Sapo, pero el Sapo se hinchó como jamás lo había hecho y el Majá después de vomitarlo pereció asfixiado.»

El Sapo actúa en la Nganga del Mayombero porque el Espíritu que ha pactado con éste y le sirve, actúa en forma de Sapo.

Los Congos Mayomberos en algunos Nso Nganga, templos, le llaman Mangundu, en otros Nkoka y lo utilizan mucho. Su baba la emplean como veneno. Lo cuelgan por las patas traseras y la baba que destila la recogen, así como cuando este animal se hincha, se guarda para hinchar a quien se quiera.

Su líquido, que es veneno, se le administra en la comida a esa persona y se la convierte en hidrópica. Revienta de hinchazón.

El Sapo tiene imán en los ojos. Fascina.

Si alguien se traga una aguja, en un vomitivo se echan dos ojos de Sapo y se dan a tomar y arrojará la aguja atravesada en uno de los ojos. («Lo hizo un médico chino y se comprobó que es cierto que tiene imán en los ojos»). Y en la garganta tiene una especie de bolsa de la que el brujo se sirve para «montar» amuletos.

Con Mangundu, el Sapo verde que secreta un líquido que invalida al Majá, se prepara un talismán de Kobayende.

—«Elogio Gómez tenía un Sapo en Lagunillas, que media hora antes de pasar el tren se paseaba por el medio de la línea y nunca lo mató el tren. Cuando aquel Sapo murió Eulogio lo disecó y con él mató a un hombre.»

«Los brujos los domestican. Yo los he oído silbarles y he visto venir al Sapo en seguida.»

El espíritu de una Nganga construida con sapo suele presentarse en forma de este animal; no deja dormir moviendo objetos y haciendo ruido.

—«Al morir Desiderio su espíritu se alojó en un Sapo que él tenía, y al que en vida, cuando daba sus fiestas le silbaba y el Sapo se presentaba. La gente le tenía pavor al bicho, y Desiderio decía: no le teman, él es bueno.»

Si se cose la boca de un sapo después de introducirle con sal un papel con el nombre escrito de la persona que se hechiza, y se amarra con un pedazo de pañuelo que le pertenezca, se guarda en una vasija maldiciéndola y anunciándole que morirá, al morir el Sapo, esa persona no tendrá remedio.

Cuando el Sapo se hincha por efecto de la sal, el Brujo lo guarda vivo y el líquido que destila lo emplea para producir hinchazón.

—«El Sapo es muy venenoso, malo, y con él los Mayomberos pueden perjudicar sin fallar nunca.» No se olvide, reforzando este testimonio de Apuleyo, que emanan veneno. Pero no se cree en Cuba que ahuyentan a los pájaros. Si se les entierra en un recipiente, evitan tormentas. Su aliento infecta.

«En la provincia de Oriente vive un Sapo, el Guabairo, que tiene plumas.» Cuando el ganado come el pasto por donde uno de ellos ha pasado, se le forma una pelota de gusanos en el vientre.

Ese asombro que se ve pintado en el Sapo cuando nos enfrentamos a él, es el preludio del asco que a poco de vernos le invade.

Los Sapos, como los pichones de Aura Tiñosa, nos consideran repugnantes.

RATA — RATONES

Son buenos agentes del cólera. Cuando las Ratas morían, las Moscas iban a ellas, y le llevaban el contagio a los hombres. Así ocurría en Cuba en tiempos de la Colonia.

Allá en Londres, hace cuatro siglos, un fuego acabó con todas las que había.

El Ratón le pertenece a Yemayá. Yemayá-Akutí en ciertas ocasiones, se transforma en Ratón. No los emplean los lucumí en la magia de sus ochonos (Magos) y los Congos tampoco. ¿Por qué?

Es comida de Eleguá, que se regocija cuando se le ofrece uno. Pero desdeña, le repugna el Ratón blanco.

Son mensajeros de los Orichas. Cuando Yemayá envía recado o va a visitar a uno de sus hijos se transforma en Ratón.

Caen en la trampa por la misma razón que el Pez muerde el anzuelo, porque Orúmbila les aconsejó que hicieran Ebó y no lo obedecieron.

El Rey —Oba— de los Oyó tenía un Ereke, un cetro, con pelos de Ratón blanco.

—«Con Ratón se hacen muy buenos trabajos, como éste con que se sale airoso de un juicio o se engaña a la justicia. Al que se le sacrifica a Eleguá se le sacan todos los huesos, se machacan con pimienta de Guinea de tres bodegas distintas y pimienta china. Excremento de Perro, de Cochino y de Gato. Todo esto se echa en la puerta del enemigo que acusa. Después del arreglo, se hace Ebó, con Gallo, un Chivito. tres ekó, tres cocos (obi), tres ataná (velas) y $ 3,18, en acción de gracias por que el acusado salió indemne.»

—«El Ratón quería ir al Cielo, a darle satisfacciones por su litigio con la tierra. El Ratón discutía con ella sobre cual de los dos era más viejo: el Cielo o la tierra. ¡Claro que el Cielo era el más viejo! Pero el Ratón no podía volar y no fue al Cielo y en su lugar fue la Tiñosa.»

—«Los Ratones no trabajaban. No daban lo que se dice un golpe. Eso sí, salían de noche a robarse la comida y a hacer estragos. Orula los requirió y no hicieron caso. Creían que escondiéndose en las cuevas y agujeros nada tenían que temer. Orula por la orilla del mar, llegó a la tierra de los Gatos. Estaban hambrientos y se los llevó a todos al país de los Ratones, y en ella los Gatos se dieron banquete.»

Una noche Orula, el divino Adivino, no podía conciliar el sueño. Un ruido menudo, pero penetrante e insistente era la causa de su insomnio. Halló al Ratón que lo producía y le dijo al Ratón: Mañana vas a recibir la visita de tres personajes importantes. Al primero invítalo a que ocupe un puesto junto a ti, porque es Eleguá. Al segundo, ofrécele ekó; es Ogún, y al tercero, que es mujer, Ochinchín porque es Ochún.

Desde entonces estas son ofrendas que reciben Eleguá, Ogún y Ochún.

—«El Ratón y el Pez, eran felices. Uno en su cueva, el otro en el mar. Desobedecieron a Orula, y al Ratón lo castigó con la trampa y al Pez con el anzuelo.»

> *Teretere mina*
> *teremina té ré*
> *Emá ló bó teremina afé*
> *Olú oya teremina igara*
> *la né bé Iroko ire maná*
> *Sé de mé la dé kuá.*

—«Mira Teretere. Ratón enamoró a una muchacha que despreciaba a los hombres. Todos la enamoraban y ella no aceptaba a ninguno. El Ratón se vistió muy figurín, se peinó al chilampín, y ella lo quiso. Los padres sabían que era un Ratón el amor de su hija. Éste la habilitó con muy buena ropa para casarse y le puso casa. A la hora de la boda trajo los comestibles. El padre buscó un Mayombero, que era de los fuertes. Le hizo un trabajo al Ratón que desbarataría su casamiento. La víspera de la boda, a media noche, desapareció toda la comida, el jamón, el queso... Todo el convite era de ratones y el novio su capataz. Al día siguiente que era el de la boda, no había comida.

197

—¡No importa! dijo el novio. Traeré más, y así fue. Salió a robar y trajo más golosinas que las que se habían perdido.

Se casaron.

El padre de la novia puso una trampa para ratones y cuando los invitados se marcharon sin tropiezo, el Ratón no podía irse: tenía que cruzar por encima de la brujería que le había puesto el Mayombero, que era una trampa. Así que todos pudieron irse menos el novio. Llegaba hasta la puerta y retrocedía, iba y volvía. A última hora no le quedó más remedio que salir y la trampa lo apresó. Por arte del Mayombero se desengañó a aquella muchacha caprichosa.»

TATAGUA

Estas grandes mariposas negras y nocturnas presagian muerte o desgracias. Se les llama también Brujas. Se dice que algunas tienen estampada en las alas el número del Premio Mayor de la lotería. La aparición de una de estas brujas en casa de un enfermo anuncia su muerte. Tan difundida estaba esta superstición como la del graznido de la Lechuza, el aullido de un Perro a media noche o el plañido de la inconsolable y dulce Tojosita.

TIBURÓN

Su colmillo es un «resguardo» excelente.

Se coloca en el Fundamento o Nganga.

Se cree que atraen suerte y se llevan colgados en cadenas, pulseras y leontinas. Muchos políticos y hombres de negocios los llevan.

TIGRE

Tampoco nos honra en Cuba con su presencia, pero los africanos y sus descendientes nunca los olvidaron.

—«Son muy suceptibles y no transigen con nada que ofenda
su honra.»
Si en nuestra Isla los hubiese «la Palma quemada los ahuyenta
como al Trueno y a la Tempestad».

—«Un cazador mató a la madre de un tigrecito, y al quedar
abandonado una Perra lo recogió y lo crió. Creció y le demostró
su gratitud comiéndosela a ella y a sus hermanos. De modo que
del Tigre puede decirse lo que del Cuervo: que no sólo comen los
ojos de su protector, sino el cuerpo.»

—«El Perro y el Tigre eran enemigos del Chivo. Un día díjole
el Perro al Tigre: tenemos que matar a nuestro enemigo. Lo invi-
taremos a comer y...
—¡No! contestó el Tigre. Vamos a invitarlo a bañarse en la
laguna. Nunca se baña, y no desconfiará.
Da la casualidad que al mismo tiempo el Chivo había ido a ver
al Olúo (Adivino) y éste haciéndole ebó, le repetía.
—Desconfía de tus enemigos. Te invitarán para matarte. Lleva
una bolsa con piedras y otra con maíz e irás comiendo maíz. Te
preguntarán qué comes y enséñales las piedras. Así fue. Tigre y
Perro lo invitaron a la laguna y el Chivo se presentó comiendo:
—Esperen que termine, les dijo.
—¿Qué comes? preguntó el Tigre.
—Dame. Y el Chivo le dio unas cuantas piedras. Al masti-
carlas el Tigre se rompió un diente.

Murmuró al oído del Perro.

—Tiene los dientes más fuertes que yo y hemos fracasado. Esperemos que llegue la noche para matarlo.

Desconfiado el Chivo cuando cerró la noche, y cada uno se acostó a dormir a un lado del camino, no durmió vigilándolos continuamente. Tigre y Perro fingían que dormían profundamente y de tanto fingir se durmieron, lo que aprovechó el Chivo para escapar. Corrió a advertirle a un Cazador, que por allí dormía un Tigre con un Perro a su lado.

Sin el menor esfuerzo los mató el cazador.»

—«Por el bosque venía un Chivo cansado, huyendo, y frente a frente se topó con la guarida del Tigre. ¡Qué alegría cuando el Tigre lo vio! Reunió el Chivo todo su coraje, hizo de tripas corazón, y al parecer sin inmutarse, le dice al Tigre:

—No piense, compadre, que voy a quedarme aquí. Vengo huyendo por mis fechorías y allí cerca me encontré con unos cazadores y acabé con ellos. Tengo que esconderme donde sea.

—Descanse un rato, le propuso el Tigre.

—No tengo por costumbre acostarme en el suelo. Me da reuma. Haré una tarima.

—Hágala, le contestó el Tigre y en sus adentros: ¡que te comeré con tarima y sin tarima!

—Oiga Compadre Tigre, quiero advertirle que todos los días estaré aquí, y cuando vea que mi barba se mueve no me diga ni ojos negros tienes, no nos disgustemos usted y yo.

Improvisó el Chivo su tarima, se tendió en ella y el viento movió su barba. Por si acaso Tigre se alejó. La tarima estaba floja, y a punto de caerse, el Chivo se tiró de ella y por si acaso huyó el Tigre.

En el Monte se encontró con un toro, le dio muerte y lo llevó a su guarida. Le dijo al Chivo: cuando quiera carne, ahí tiene.

—Gracias, pero aún me queda algo de carne humana en el vientre, le contestó el Chivo y se preguntó: ¿Cómo me quitaré al Tigre de encima? Salió al día siguiente y acechó por la selva. Vio pasar una leona que perseguían y mataron otros cazadores. El Chivo, ni corto ni perezoso, se la lleva a rastras y la deposita a los pies de su tarima. No tarda en llegar el Tigre.

—Mire, compadre, para corresponder a su obsequio ahí tiene usted otra carne.

—¿Cómo? exclamó el Tigre.

—Es que cuando yo berreo no me gusta que me mortifiquen.

En eso se movió la barba del Chivo, berró, y el Tigre salió disparado como una flecha.

Desde entonces los Tigres le temen al berrido del Chivo.»

«Durante una gran sequía, los animales estaban flacos y hambrientos. Al Tigre que era compañero del Gato, le pareció que éste, en comparación con los demás, estaba gordo.

—¿Con qué te sustentas, compadre? le preguntó.

—¿Yo? Yo te enseñaré de qué manera podrás comer.

El Gato preparó un viaje y antes le enseñó a brincar. El Gato sabe dar tres brincos, uno al frente, otro de lado y atrás, pero no le enseñó el cuarto.

El Tigre, observándolo se puso nervioso. Saltó el Gato y cogió un pájaro. Y el Tigre, imitándolo, no cogía nada y ya sentía ganas de tragarse vivo al Gato.

Regresaron a la casa, el Tigre encolerizado porque no había podido atrapar ni una Mosca.

Por la noche el Gato se hizo el dormido pues sospechaba que el Tigre proyectaba comérselo, y frente a él se tendió a medio cerrar los ojos, haciéndose el dormido. Así lo creyó el Tigre, y se preparaba a saltar hacia adelante, como le había enseñado el Gato, mientras éste brincaba hacia atrás.

—¡Eh, usted no me enseñó ese brinco! dijo el Tigre viéndolo retroceder y ponerse a buen recaudo.»

Oyé yin yin yé
Oyá yá yá
Ota korio ya ya
Maguí o a ó.

El Tigre quiere almorzarse al Compadre Venado que tenía muy buenas carnes, y aunque el Tigre para eso se hizo el muerto a nadie engañó.

El Venado le anunció a los animales de aquella tierra que el Tigre había fallecido. Fueron a su velorio y lo miraban de soslayo, con precaución, por si tenían que correr.

Ota korio Oye yé ye
Maguí o.

El Venado aconsejó que lo moviesen de modo que en caso de peligro poder huir. Llegó al velorio la Jutia y le cantó. Todos creían que estaba muerto. Un animalito muy pícaro y desconfiado, el Guayabito, atravesando la pared abrió en tierra un camino subterráneo, previendo que había que correr. El Tigre ya no podía fingir más y Guayabito empezó a caminar por encima de su cuerpo. Cuando el Tigre iba a cogerlo, pues lo tenía sobre su pecho, el Guayabito dio la voz de alarma.

—¡Tigre no tá mueto ná! ¡Tigre tá vivo y coleando!, y así gritando se escondió en el agujero.

Furioso se levantó el Tigre, le cayó encima a cuantos pudo pero los animales todos, y con ellos los dolientes, escaparon dispersándose por el monte. El Ratoncito, sin miedo, se quedó viviendo en su escondite en casa del Tigre.»

—«El Mono y el Chivo escuchan unos lamentos que salían de un pozo. Se asomaron y vieron al Tigre que les rogó que lo sacaran de allí. El Chivo se abstuvo pero el Mono le arrojó un bejuco. No llegó al fondo y el Mono se lo ató al rabo y el Tigre se agarró a él y pudo salir del pozo. El rabo del Mono chorreaba sangre; y el Tigre lo lamió.

Me tengo que ir, dijo el Mono.

—No, que ahora necesito comer y te comeré.»

Es que un bien con un mal se paga.

—«En un tiempo Tigre y Gato compartían el mismo techo en la mejor armonía, hasta que una gran escasez hubo de separarlos Cada uno por su lado consultó al Adivino y a los dos les aconsejó lo mismo, que fuesen a la selva e hiciesen Ebó de Venado. Ambos salieron de su casa y cada uno por separado volvió a hacer Ebó.

El Gato se había puesto de acuerdo con Eleguá, y el Tigre confiado en su fuerza y arrojo se entró en la Selva seguro que iba a agarrar y a comerse un Venado entero. A su vez el Gato aspiraba a hacerse aunque fuese de un pedacito de Venado, y ya al acecho cada uno por su rumbo, Eleguá subido a un árbol que crece allá en África y que produce unos frutos grandes y de corteza muy dura, esperó a ver cómo actuaría cada uno. Pasó el Venado. El Tigre se le abalanzó y lo atrapó pero en ese instante Eleguá le dejó caer uno de esos frutos tan pesados en la cintura y el Tigre derrengado gritaba.

—¡Ay mi cintura!

En eso llegó el Gato y Eleguá lo ayudó a arrancarle una pata al Venado, y como Dios le dio a entender, se lo llevó a rastras adónde tenía que hacer la rogación. Desde entonces el Tigre tiene que buscar por sí mismo su alimento mientras que el Gato, seguro en la casa, recibe las caricias de su amo, la comida y se entretiene cazando ratones.»

TORETE

(O novillo). Le pertenece a Agayú a Changó y a Iroko.

—«El Toro se arrodilló ante Cristo cuando éste nació en el pesebre. Es muy católico.»

Se ofrenda raramente, sólo en grandes ocasiones.

—«Para sacrificarlo se lleva junto a una Ceiba consagrada para que Iroko lo contemple. Allí se llama a Naná Buluku, a Babalú Ayé —San Lázaro—, a Agayú, a Bokú, a todos los Orichas que moran en la Ceiba.

No se le dice que el Toro es para él (Iroko) porque él quiere, cuando va a comer, que todos coman con él y así se le presenta a Iroko empleando el nombre de otro Oricha.»

—«Los pobres», oímos decir una vez «que no tenemos con qué darle de comer novillo a Iroko, lo contentamos con maíz. Pero cuando se le brinda una comida tiene que ser importante

El Toro para Iroko se baña, se adorna la Ceiba con siete telas de color, cascabeles y caracoles. Se prenden siete velas. Al Toro se le hace un banté (delantal). La gente lo rodea al pie del árbol y se cantan los cantos de Iroko y de los que con él viven en la Ceiba. Aunque el toro sea bravo, los cantos lo amansan. Todos lo tocan y si hay astucia en el matador lo tumba él solo, si no auxiliado por otros. Yo lo tumbo solo. Se le unta bastante manteca de corojo a la Ceiba y al Toro. Se presenta la palangana con la Otán, la piedra sagrada, y al tronco de la Ceiba se le echa miel de abeja y los demás ingredientes. Cuatro velas encendidas rodean la Ceiba.

Al toro hay que sacrificarlo sin amarrarlo.

Al caer se le vuelve la cabeza tomándola por los tarros y ya no se mueve. Se le da un primer tajo en el cuello para que brote la sangre sobre la piedra sagrada en que está el Oricha, y ésta se pone debajo de la Ceiba. Después se le corta la cabeza al toro y se coloca en una horma o latón y se la deja allí hasta el día siguiente que se hace ñangalé, lo mismo que con el carnero.

205

Al tercer día se come el toro. Los tarros que se le presentan a Iroko se guardan a la par que la cabeza y si al año siguiente no hay dinero para ofrecer otro toro vivo, se le presenta la cabeza e Iroko cree que está comiendo. Es lo que se hace con todas las cabezas de los animales cuando no hay dinero para comprarlos. Se guardan y se vuelven a presentar.»

—«En el reino de Obewéne entraban todas las noches ladrones y robaban comidas. Ordenó vigilar la ciudad e hizo Ebó con una soga. Los ladrones eran... Toros. Dentro de la ciudad quedaron una Vaca y un Toro y ellos mismos se ataron con sogas, y desde entonces hay Toros y Vacas mansos.»

VACA

En un tiempo se le sacrificaba a Olokun, Oricha del inmenso mar profundo.

—«La bola de yerba, que tiene la Vaca en el estómago se llama Mundo, dicen los Congos, porque es redonda y contiene todas las yerbas. Se coloca en las Ngangas Mundo Camposanto.»

—«Elías Capetillo, mi padre, era un gran comadrón. Los médicos de Alquizar lo buscaban y asistía con ellos a todos los partos. En los difíciles, ¿qué hacía el negro?

No le daba a beber a la parturienta más que agua. ¿Por qué? porque la vaca contiene en el vientre una pelota que expulsa en el parto y que luego se vuelve a tragar. Esa bola es seca, sin sangre. El que tiene la suerte de poseer una de esas pelotas, que es muy bruja, está hecho. Mi padre tenía una que metía dentro de un vaso con agua; esa agua la daba a beber a las parturientas y el parto se facilitaba. Ni una sola mujer se le murió de parto y por eso lo llamaban los médicos en los casos difíciles cuando se veían perdidos.»

VENADO

Le pertenece a Ochosí, Dueño de los animales silvestres, Oricha muy poderoso y delicado.

El Venado, dice Maupoli, tiene la virtud de convertirse en una criatura humana.

—Hay quien sostiene que tiene «oídos en las patas». Podría decirse también que mucha dulzura en la mirada de sus ojos tan bellos. Se le sacrifica también a Changó, a Orula y a Ochún.

—«Según cuentan los antiguos, el Venado visitaba el pueblo a oscuras y se marchaba al amanecer. Los cazadores le armaron una trampa, lo entretuvieron y prendieron fuego a la sabana y al regresar del pueblo la halló en llamas. Pero le hizo foribale (reverencia) a la Candela y al Agua para que la apagase. Llovió, cesó el fuego y Venado pudo entrar en la Selva. Jamás volvió al pueblo.»

—«Una vez Ochosí se encontró ante este dilema. Sus padres estaban enfermos y era preciso que Ochosí saliese a la calle para salvarlos, pero si él salía Olofí podía matarlo. Se le presentó el Venado con su Santa Cruz en la frente. Si lo mata, como la cruz es de Olofí, Olofí en venganza mataría a sus padres, pero Ochosí

—«Venado era el criado de Obatalá. Obatalá llevaba su iruke, se le cayó y el Venado fue a recogerlo.

—Déjalo no vuelvas atrás, le dijo Obatalá al Venado, que retrocedió para devolverle el cetro, y el Majá que lo había encontrado se enredó en el cuerpo del Venado y lo mató.»

Los cuernos del Venado son propiedad y símbolo de Ochosí. Sus cuernos tienen grandes virtudes, sirven de amuleto, de «vitití», rellenos de substancias mágicas y con un pedazo de espejo que se les inserta en un extremo le sirven al brujo o Mayombero, para ver lo oculto.

ÍNDICE

A

B

C

G

H

I

J

K

L

M

N

P

www.ingramcontent.com/pod-product-compliance
Lightning Source LLC
Chambersburg PA
CBHW021903020426
42334CB00013B/464